CEIBS | 中欧经管图书

先知后行
知行合一
中欧经管
价值典范

CEIBS | 中欧经管图书

领导者决定未来

Leaders Make the Future

未来领导者所必需的十大新领导技能

ten new leadership skills for an uncertain world

（原书第二版）

[美] 鲍勃·约翰森（Bob Johansen）著
李戎 译

中国财富出版社

图书在版编目（CIP）数据

领导者决定未来：未来领导者所必需的十大新领导技能／（美）约翰森著；李戎译．—北京：中国财富出版社，2013.5

（中欧经管图书）

ISBN 978－7－5047－4625－2

Ⅰ．①领…　Ⅱ．①约…②李…　Ⅲ．①领导学　Ⅳ．①C933

中国版本图书馆 CIP 数据核字（2013）第 049415 号

Bob Johansen：Leaders Make the Future：The New Leadership Skills for an Uncertain World

ISBN：978－1－60994－478－2

著作权合同登记号 图字：01－2012－8382

策划编辑	黄　华	**责任印制**	方朋远
责任编辑	张艳华　卢海坤	**责任校对**	梁　凡

出版发行	中国财富出版社（原中国物资出版社）		
社　　址	北京市丰台区南四环西路 188 号 5 区 20 楼	**邮政编码**	100070
电　　话	010－52227568（发行部）		010－52227588 转 307（总编室）
	010－68589540（读者服务部）		010－52227588 转 305（质检部）
网　　址	http：//www. cfpress. com. cn		
经　　销	新华书店		
印　　刷	北京京都六环印刷厂		
书　　号	ISBN 978－7－5047－4625－2/C · 0157		
开　　本	710mm × 1000mm　1/16	**版　　次**	2013 年 5 月第 1 版
印　　张	12. 75	**印　　次**	2013 年 5 月第 1 次印刷
字　　数	196 千字	**定　　价**	42. 00 元

致罗伊·阿马拉

1925—2007

一位集力量与谦卑于一身、努力创造未来的领导者。

本书所有版税收入都将献给未来研究院和创新领导力中心（CCL），用来帮助领导者培养未来所需的领导技能，创造美好未来。

原书第二版序言

我在创新领导力中心（CCL）的办公室一直书满为患，不但书架上挤满了各种类型的书，连书桌上也到处堆满了书，内容涉及战略、历史、科学和人才等方面。同事们一般想借什么就借什么，但有一本书例外，那就是《领导者决定未来》的第一版。从三年前初读这本书起，它就没离开过我的视线，珍爱程度可从卷起的书页、满页的勾画以及密密麻麻的笔记略见一斑。在那本书中，鲍勃·约翰森（Bob Johansen）及未来研究院为我们做了一件非同一般的事——帮助我们习得那些想在不可预测、充满机遇的未来生存所必须掌握的技能。总的来说，这本书有理有据、思想睿智、引人深思，是一本不可多得的佳作。作为本书的铁杆书迷，我要告诉大家一个特大喜讯——本书第二版对各层次领导者的帮助比起第一版有过之而无不及。

在接下来的前言部分，鲍勃根据近几年全球经济和社会政治的现状对未来作了一个新的预测。他深入挖掘了领导者驾驭未来所需的十项首要领导技能，在第一版的基础上增加了不少新鲜的案例，同时告诉我们这些技能为何重要及其相互之间的紧密联系。不仅如此，这本书还更进一步地探讨了我们如何通过广泛深入的学习和领导力的提升来帮助我们自身及员工培养这些技能。

我和其他 CCL 的同僚能有幸受邀参与本书第二版的出版感到非常光荣。说实在的，为一本原本就异常出色的书锦上添花着实是一个巨大的挑战，不过，我们愿意知难而上。在即将出版的第二版中，我们根据 CCL 40 余年的研究和客户经验为大家提供了详尽、实用的指导，以帮助大家实践本书所强调的这些技能。在本书的末尾，我们新增了一个自我测试，它将帮助大家将这十项领导技能应用到生活和工作当中。

本书力求实用，旨在帮助那些正在及将来希望代表其所在组织和社区采取积极措施的领导者提升其领导能力。鲍勃的著作思想深奥，包含很多复杂的模型，但难得的是，他能深入浅出，用浅显易懂的语言来阐述深奥的知识。在书中，他采用对话的口吻，与读者分享精彩的故事，向日理万机的领导者快速传递领导智慧。阅读本书，就像与才华出众的友人聊天，让人大开眼界，惊喜连连。

本书出版的时机也恰到好处。“阿拉伯之春”事件向我们印证了本书在预测未来方面的准确性。某些政府企图压制社会媒体互动的举动反映了他们对于鲍勃提出的另外一种趋势——“低调透明”的敌对情绪。很多阿拉伯领导者，包括穆巴拉克和卡扎菲，他们之所以倒台，很大程度上是因为他们缺失“低调透明”这一特质。在充满不确定性的未来世界（不光中东，世界各地都如此），领导者还需要发展共享资产的能力，也就是鲍勃所说的“公地创造”能力，以便政府、商业和社会各行业实现共同领导。

总之，世界各地、各个级别的领导者都将从本书中获益匪浅。各个组织的高管尤其应该阅读本书。过去几年的动荡教会我们这样一个道理：要想在未来蓬勃发展而不只是勉强过活，就必须提前做好很多方面的准备。在本书中，鲍勃为我们提供了一个了解未来的窗口，同时也就如何应对未来给了我们一些建设性意见。这就是为什么本书是 CCL 董事会成员及高管团队的必读书目。而且，恰恰因为本书讨论的是未来，所以它对于公司年青一代的领导者——在培训预算有限的情况下极易被忽略的一群人——更显得弥足珍贵，同时价格又实惠。毕竟，他们是组织未来的掌舵人，他们越早掌握在多变的环境下生存和发展的技能，就会越有利。

企业，无论规模大小，都会发现本书有助于其制定英明的战略。当然，未来研究院还会一如既往地与众多顶级公司密切合作。但受益更多的可能是政府机构、教育机构和非营利性组织。在资源日益紧缺的今天，这些组织往往没有足够的资金在长期规划方面进行投资。然而，预测未来并根据预测对其营运方式进行必要的调整对维持其影响力、帮助其实现目标至关重要。实际上，CCL 最近在制定其未来十年的战略时，就广泛参考了本书，它就像一个无所不知的顾问，一步一步指导着我们。

能向大家推荐一本好书是一件值得高兴的事，而如果此书恰好是你仰慕的人所作，那更是喜上加喜。《领导者决定未来》的第二版正是这样一本好书，鲍勃也正是这样一种以其睿智、专注和谦卑而令人敬佩的人。希望你在跟随他了解充满未知的未来时，能够享受它带给你的快乐。

约翰·瑞安

创新领导力中心　总裁兼 CEO

原书第二版前言

《领导者决定未来》的第二版包含三大要素：

1. 对未来十年外部环境的一些因素进行预测（根据第一版进行更新），这些因素要求领导者培养新的技能。

2. 根据未来十年可能遭遇的各种外部因素，总结出的我认为未来必需的十项新的领导技能。

3. 一种通过领导力发展培训项目和自我学习来培养领导力的新方法，这种方法贯穿全书，在第十一章和十二章尤其突出。此外，贝瑞特—科勒出版社（Berrett - Koehlerr）还提供了一个适用于个体和团队的在线测试，具体测试网址为：www. bkconnection. com/leaders - sa。

本书第二版是对第一版的重新加工，变化之大已经远远超出了我之前的预期。在过去的三年中，我在写第一版时学到了很多东西。现在，第一版中进行的十年预测已经过去三年，当年预测的主要内容基本都得到了印证：过去三年，世界的变化、不确定性、复杂性和模糊性都在加剧，但同时也展现出了一些能让世界变得更美好的机遇。

虽然变化、不确定性、复杂性和模糊性无法消除，但这并不能阻挡你创造未来的脚步。本书中就列举了一些不畏变化、不确定性、复杂性和模糊性而勇敢地创造未来的领导者的例子。

第二版中增加了不少 CCL 的工具及其在领导力发展方面的洞见。

CCL 的总裁约翰·瑞安（John Ryan）曾是《领导者决定未来》最早的一批读者之一，我很高兴他用此书来培养其管理团队和董事会的领导力。我和约翰至今未曾有缘相见，但他和本书第一版之间的缘分让 CCL 和未来研究院之间一直保持着密切的沟通和交流，也为第二版的问世做好了铺垫，因为第二版综合了两个机构的特长和优势。

在未来研究院，我们聚焦未来，并从未来的角度回顾现在以便给今天提供一定的指导和借鉴。而 CCL 却立足于现在，努力帮助领导者更好地适应未来。因此，从某种意义上来说，本书第二版既立足现在、展望未来，同时又聚焦未来、回顾现在。

CCL 的西尔维斯特·泰勒（Sylvester Taylor）帮我在本书后面新增了一个自我测试以便帮助读者更好地培养未来所需的领导技能。西尔维斯特和帕特·赛思奥（Pete Scisco）与我和我的同事迪帕·梅塔（Deepa Mehta）紧密合作，找到了将未来研究院和 CCL 在领导力方面的不同见解整合在一起的方法。本书第十一章所描述的模型就是我们合作的结果，不过，第二版中增加了很多 CCL 的趣闻逸事、工具和参考资料。西尔维斯特还和我一同开发了贝瑞特—科勒网站上的在线测试，这个测试既可用于个体，也可用于团队；既能在有领导经验之前进行，也能在具备了领导经验之后开展。

我擅长对未来十年进行预测，但在领导力培养方面却经验尚浅，所以我很高兴能够在本书中融入 CCL 的专业见解和经验。

在第二版中，我很高兴能够把我过去三年来对不同类型的卓越领导者使用十项未来所需领导技能时积累的经验融入其中，这些人很多都来自知名企业，比如宝洁、乐购、贺曼、斯克利普斯网络互动、塔吉特百货、卡夫食品、沃尔玛、老海军、盖璞、UPS、麦当劳、金宝汤业、强生、通用磨坊、嘉吉、先正达和费尔蒙酒店及度假村。我很高兴能有机会与他们切磋交流。

我们现在正处在一个关键时期：我们的自然、商业、组织和社会体系即将达到一个临界点，一旦突破就会面临严峻的挑战，某些体系甚至可能崩溃。然而，这种瓦解也可以带来新的机会。未来研究院认为我们急需在全球范围内重新平衡这些可能引发体系崩溃的各个因素，而且这种平衡必须在未来十年加速进行。要想达到重新平衡，领导者必须用本书中描述的技能努力创造美好的未来。

在这种情况下，光关注自身利益肯定不够，领导者应该打开思路，关注整个体系，要知道我们只是整个大的体系中的一部分。企业领导者依然要努力提高收入、改进效率、解决冲突，但传统的财务举措已经不能保证企业取得长远的胜利。领导者还应该注重共同资产和周围的机会，而不只是关心其自身或公司的收益。领导者必须在赚钱的同时，与他人一起为发展整个市场和经济状况而努力。

接下来的十年，对于一个领导者来说，注定是充满艰辛的，但如果领导者能掌握恰当的技能并带着合理的预期，那也将会是一个令人振奋、意义非凡的十年。让整个体系恢复平衡将会是领导者面临的前所未有的挑战。

从一定程度上来说，我们每个人都应该是自己的领导。幸运的是，在云计算时代，一些虚拟的领导力工具使得一些新的策略成为可能，让大家能够采用新的方式或者远程进行合作。

我坚信，我们相互之间的联系越紧密，我们就会越安全、越自由，并且越强大。不过，这也有令人担忧的一面：有可能我们相互之间的联系越紧密，情况反而变得越危险。领导者应该扩建其人际网络，组织人们行动起来，但同时也要防止过度紧密，以免再次出现席卷全球的金融危机。现在我们相互之间的联系比以往任何时候都紧密，这是一件好事，但领导者在充分利用云计算所带来的这种紧密性的同时，也必须尽量降低潜在的风险。

克里斯·哈里森（Chris Harrison）为本书设计的封面真实地反映了这种情况。领导者已经身处一个网络，在构建及重建其组织的过程中不断地勾画线条、编织新的图案。

预言来自未来，并对现在具有一定的启示。没有人能够准确地预知未来，但你可以对你认为将来可能发生的事情进行合理、一致的预测。好的预测可以给我们带来启示，刺激人们行动起来。而这本书就通过预测来激发人们更好地认识领导力。它源于未来研究院的预测，聚焦对未来十年的领导力具有决定作用的外部因素。

从 1968 年开始，我就一直关注未来。那时候，我还是神学院的学生，为一个有关宗教和未来的会议做研究助理。那时的我，激情澎湃，对任何事情都满怀热情，连去机场迎接会议发言人这种苦差事都非常积极。这些发言人现在都成了赫赫有名的未来学家。在会上，我边听发言，边想象着他们所描绘的未来，内心十分激动，而且，更让人兴奋不已的是，我能亲眼看到那些让我仰慕已久的该领域的前辈。当时，我就在想，“这就是我想做的事”。而现在，我的梦想已经成为了现实，这正是我这些年来所从事的工作。

同年，一群来自兰德以及斯坦福研究院的工程师和数学家创办了未来研究院，并将其定位为独立且非营利的智囊团。

未来研究院每年都会对未来十年做一个预测，到目前为止，已经坚持了近40年。我觉得未来研究院是唯一一个能够比其预测坚持得更久的预测未来的机构，而且，迄今为止已经成功了四次。虽然，没人能够精确地预知未来，预测也不是最终的目的，但未来研究院对未来的预测却有着惊人的准确度。我在未来研究院工作的这些年，60%~75%的预测都真实地发生了。

我是未来研究院在1973年聘用的第一个全职社会科学家。在攻读硕士学位期间，我主修社会学和世界宗教，并逐渐成为了一个对组织、技术和人类价值观进行预测的预言家。我的目标是以未来的视角来审视目前的领导力模型和高管的培养。本书要讲的未来十大领导技能不是为了替代现有的领导力胜任模型，而是为了对其发起挑战并对其进行进一步延伸。

2005年，我写了《赢得先机》（Get There Early：Sensing the Future to Compete in the Present），这本书的最后一部分提到了发展未来十大领导技能的必要性，这一点在《领导者决定未来》一书中进行了更详尽的阐述。这两本书相辅相成、互为补充。

我的目标是激发领导者，从而让世界变得更美好。在本书中，我跟大家分享了我对领导力的看法，并根据我对未来十年的预测，给未来的领导者提供了一些忠告。你不一定要相信本书中所阐述的这十大未来领导技能的价值，如果它们对你有所启示，让你认识到了你未来真正需要的领导技能，那这本书就发挥了最大的作用了。

本书不代表未来研究院对于领导力的看法。对于领导力这一重要话题，大家都有各自独特的见解，所以本书仅代表我个人的观点。不过，我的很多想法都受我在未来研究院的工作经历以及与我们有过合作的很多其他机构的影响。

问题解决者经常犯的一个经典错误是过早下结论，理论派则恰恰相反，决策速度很慢。未来的领导者应该处于这两者之间，放眼未来，并就当下作出决策。

只要我们用心倾听，就会发现周围到处都是有关未来的暗示。在未来研究院，现在发生但能表明未来方向的事件被称为“信号”。例如，制汇节（Maker Faire）就是一个表明古老的 DIY 精神被升华的“信号”，它的重生促使着单枪匹马的领导方式向依靠团队共同努力的领导方式的转变。

人人都或多或少有一些所谓的创造本能，但很多领导者都有强烈的创造本能，因为他们必须不断地创造、革新他们所领导的组织。卓越的领导者都喜欢想象各种可能的结构，琢磨它们能创造出什么新的东西。现在，有了新的工具以及相互之间的紧密联系，领导者就能创建非常不同的组织，并因此决定未来。

十项领导技能中的每一项都与过去和现在紧密相关。正如小说家威廉·吉布森（William Gibson）所说，“未来就在眼前，只是分布得不太均匀”。了解未来的最佳方式就是让自己沉浸在未来之中。既然未来已经近在眼前，你所面临的挑战就是找到体验未来的最佳方式，并从未来中学习。本书以及配套的在线测试将帮助你融入未来，提升你的领导技能和影响力。

鲍勃·约翰森，未来研究院

加利福尼亚州帕洛阿尔托

2011 年

中文版序言

多年前，我第一次去中国时，被“社会主义市场经济”这个词惊呆了。作为一个土生土长的美国人，在看到这个概念之前，我一直以为经济要么是社会主义经济，要么是市场经济，从来没想过还有社会主义市场经济一说。中国这么一个巨大的经济体能在集体所有的同时以市场为导向，让我觉得既困惑又惊讶。

在头脑中持有两个对立想法的同时还能作出英明的决策是未来领导者所必需的十大技能之一，在本书中被称作扭转困境的能力。

在中国，人们对于扭转困境似乎已经习以为常。但在很多其他地方，人们现在才逐渐意识到很多突出的难题其实根本无法解决。不过，即便如此，你也可以通过扭转困境来取得成功。比如，我们既要生产低价的能源，也要保证空气清洁，这两者其实是有点相互矛盾的。但在努力寻找可替代能源、减少污染物排放方面，可能会有很多商机。

本书以预测未来十年可能影响领导者的外部力量为出发点，通过对未来的展望，总结出了未来领导者必需的十大领导技能，每一章详细论述一项技能。

作为一名十年预测家，我已经顺利地度过了三次预测周期。事实证明，大多数时候，我们的预测都比较准确，但预测的目的并不是为了精确地预知未来（没有人能做得到），而是为了激发灵感，改善人们当前的行为。

现在，我是未来研究院（Institute for the Future，IFTF）的一名杰出院士。未来研究院坐落在硅谷的中心地带，比邻斯坦福大学。据我所知，未来研究院是目前经营时间最久的预测未来的机构，到目前为止，已经连续 40 多年进行年度全球十年预测。除此之外，未来研究院还做一些有关技术、健康、福利和食物等方面的常规预测。现在，未来研究院预测工作的一个重要部分就是中国预测，主要由文化人类学家琳·杰弗瑞负责。

《领导者决定未来》一书关注的焦点是创造力、设计和创新，而这一切都是在未来十年外部力量的情境下进行的，与中国的新业务发展和持续的经济增长密切相关。着眼未来的思维方式能够帮助我们在目前的情况下作出明智的决策，从而创造美好的未来。

研究表明，未来将会变得更加动荡不安，也就是我所说的 VUCA 世界：多变、不确定、复杂而且模糊。在本书中，我向大家阐释了 VUCA 的根源，并告诉大家如何利用未来十年的视角将危险化为机会。通过展望未来十年，你将看到：

- 变化屈从于远见；
- 不确定性屈从于领悟力；
- 复杂性屈从于清晰度；
- 模糊性屈从于敏捷性。

《领导者决定未来》这本书及其提出的未来领导者所需的十大技能体现了愿景、领悟力、清晰和敏捷等基本概念。

本书第二版在第一版的基础上进行了很多扩充，结合了全球一流的领导力发展机构创新领导力中心（Centre for Creative Leadership，CCL）的很多研究成果。我和 CCL 的方法正好互补：我展望未来十年，以未来的视角来审视目前的情况；而 CCL 则立足于当前，帮助领导者为未来做好准备。本书第十一章详细介绍了领导力发展项目如何能够帮助领导者为未来的 VUCA 世界做好准备。第十二章则为每位读者提供了自我评估的机会，让大家了解自己的未来领导技能如何，以及如何能够改善这些技能。

通过阅读本书，中国的领导者可以借鉴相关经验，设计出适合自己的领导力发展项目。本书中包含了很多全球各地使用这十项未来领导技能的项目实例，介绍了个体领导者评估并发展其领导技能的方法。

未来世界将变得越来越复杂，很多人都期望简单的答案，但问题是根本没有简单的答案。在这种情况下，领导者必须学会适应在头脑中同时存在两种对立的想法。任何领导者，无论他多么优秀，都无法解决所有分歧，也不可能赢得所有人的认同。这时候，就需要所谓的建设性和解，即缓和和改善紧张情况的能力。

十年预测可以让分化的群体认识到他们之间的共同点。建设性和解需要领导者在谦卑中蕴涵力量，也就是我在本书中所说的“低调透明”。卓越的未来领导者将做该做的事，对做事的原因非常清晰，同时对所取得的成绩非常谦虚。如果未来某个领导者喜欢自我吹捧，他就很可能成为众矢之的。在充满变化、不确定性、复杂性和模糊性的未来世界，谦卑是一项美德，但前提是，谦卑中必须蕴涵着力量（这又是一个困境）。

这本书非常实用，旨在帮助领导者更好地认识周围各种复杂的外部力量。例如，创造未来需要领导者具备一项基本领导技能——创造本能，即进行创造的内在欲望。现在，由于有了数字媒体，我们不但可以进一步改进我们的创造，还能在创造过程中与其他人相互联系在一起。本书将为你提供未来视角和实用工具，帮助你在组织中实现从预见到洞见再到行动的跨越。

每次我去中国，或领导者造访其他国家或地区时，我们都在实践一项未来领导技能——沉浸式学习能力，即把自己沉浸在不熟悉的环境并从中学习的能力。在其他文化中生活是领导者为未来做准备的重要方式之一。电脑游戏和模拟将以低风险、低成本的方式大大提升我们应对未来的能力。在虚拟世界，领导者可以安全地实践新的领导技能，学会从容应对未来的各种情况。

本书是我送给中国领导者（无论是目前的领导者，还是未来的领导者）的礼物。我出生在硅谷（当然，我出生的时候，这个地方还不叫硅谷），那里，最核心的创新领导技能是快速构建，即尽早、尽可能多地失败，并从失败中进行学习的能力。在充满变化、不确定性、复杂性和模糊性的世界里，通往成功之路既不是线性的，也很难预测。领导者必须在实践的过程中边做边学。前期经历的失败会增大后期成功的可能性。硅谷很多杰出的领导者都经历过各种失败，这些失败为后来的成功奠定了基础。在硅谷之外，很多人只看到成功，而看不到那些孕育成功的失败经历。

过去的十年是喜欢线性思维和解决问题的工程师的天下，而未来十年将由生物和所谓的全球福利经济来推动，要求领导者具备生物同理心，即从大自然的角度看问题、从大自然中学习的能力。在中国，鉴于其巨大的面积和国际影响力，生物同理心的重要性会被放大。

在本书讲述的十项未来领导技能中，最高级的就是公地创造，即创造能让各方受益、可持续地共享资产的能力。经济和社会困境依然会困扰着我们，但我希望，未来，我们能够创造更多让人受益的公地。而要做到这一点，一个重要的途径就是霍华德·莱茵戈德（Howard Reingold）所说的聪明暴民组织，即利用数字媒体和虚拟会议来创造和培养有用的商业或社会网络的能力。在我看来，中国的领导者正在从社会主义和市场这两个角度来创造可持续的共享资产。

硅谷是一个非常多样化、与世界各地联系非常紧密的一个地方。硅谷很多杰出的创新者都是移民，而非土生土长的美国人。很多由硅谷推动的创新都和世界其他地区联系紧密。的确，很多硅谷的创新者都和中国有着千丝万缕的联系。创新，尤其是在云计算领域，和全球的联系已密不可分。从一定程度上来说，硅谷的未来和中国的未来一样，都依赖全球联系和相互合作。我们必须为创新组织新的聪明暴民，并创造能跨越世界各地文化界限的新公地。

在未来的 VUCA 世界，要想成功，必须明确你要去向何方，并灵活处理到达目标的方式。本书将提供一些实用的工具，帮助你变得更加清晰，以便立足当下、创造未来。

鲍勃·约翰森，未来研究院
美国加利福尼亚州帕洛阿尔托
2012 年 8 月 25 日

目录

导言　倾听未来

人无远虑，必有近忧。

——孔子

倾听未来是一项艰难的工作，领导者必须学会如何在当下这个充满变化、不确定性、复杂性和模糊性的世界里，透过各种噪声，倾听未来的声音。

但领导者可以创造更美好的未来，所以我们不需要，也不应该被动地接受，而应该积极地去创造。恰当地预见未来可以帮助领导者更好地进行决策，这正好体现了长远思维对于眼下的短期价值。

不过，如果你过分沉溺于现在，就很难放眼未来。但有意思的是，当现在无法抵抗时，恰恰是预测最有用的时候。如果领导者具备立足于全球未来的视角，就能在混乱、纷扰的现在找到一条通往未来的道路，因为往前看可以帮助你决定现在应该做什么。

现如今，很多领导者都惧怕变化、不确定性、复杂性和模糊性。他们的有些领导行为根本不具有建设性，而且领导力的前景也毫无保障。

在这种艰难时刻，很多领导者下结论过于草率、简单；有的则决策太慢，以致不得不为其迟缓或者缺乏勇气付出代价；有的领导者用愤怒和鄙视来回应现实的变化多端、不确定性、复杂性和模糊性；有的选定一个立场，然后开始抗争；还有的坚信，随着一切恢复到他们记忆中的常态（经常带有浪漫色彩），所有的混乱都会荡然无存。上述所有这些反应都可以理解，但却不正常，甚至是危险的。

在倾听未来的过程中，我听到了四大信息：

1. 未来世界的变化、不确定性、复杂性和模糊性会愈演愈烈。虽然还有很多问题是可以解决的，但资深领导者将主要处理那些进退两难、没有解决方案的局面。即便如此，领导者依然要作出决策，并想方设法找到解决办法。很多人其实已经生活在充满变化、不确定性、复杂性和模糊性的局面中——尤其是那些在贫富差距中站在贫穷一边的人。

2008 年，在我写本书第一版的时候，“变化莫测的世界”（VUCA 世界）要好解释得多，因为那时世界各地的市场都在震荡，而且迄今为止，还在时不时地震荡。自第一版出版以来，世界的变化、不确定性、复杂性和模糊性变得日益强化和明显。金融危机层出不穷，同时还伴随着一系列自然或半自然的灾难事件。2010 年 4 月 15 日，我在伦敦跟一群来自欧洲各地的创新领导者讨论本书。那天上午，我主要讲了世界的变化、不确定性、复杂性和模糊性以及云计算。下午，一团火山灰就降临到了伦敦上空，使得英国有史以来第一次封闭其空域。结果，我在伦敦被困了一周，不知道什么时候机场才能解禁。同样是在那一周，臭名昭著的英国石油墨西哥湾漏油事件也爆发了。短短一周之内，就发生了两起全球性 VUCA 事件。

如果你对目前发生的事件没有困惑或不解，那就说明你没有仔细去看、去听、去想。

2. VUCA 世界既有危险，也有机会。领导者将会遇到困难和障碍，但他们不能因困难而沮丧或一蹶不振。诚然，领导者需要对一系列发生的事件进行回应，但仅仅回应是远远不够的。领导者应该在混乱和无序中找到前进的方向。如果你过分关注现在或者沉溺于过去，你就不可能倾听未来。我们周围到处都是未来给我们的信号，但同时也有很多毫无意义的噪声，领导者必须学会如何区分信号和噪声。

我们不仅生活在现在，我们还根植于过去，同时有机会创造未来。未来的世界，虽然充满各种威胁，但也饱含机会。

3. 领导者必须学习新的技能以创造美好的未来。传统的领导实践已经不足以应付未来，领导者必须学习新的技能来利用未来给我们的机会，同时要反应敏捷以规避危险。

本书介绍了未来所需的十大新领导技能：创造本能、清晰、扭转困境、沉浸式学习、生物同理心、建设性和解、低调透明、快速构建、聪明暴民组织以及公地创造。当我完成第一版时，我以为其他人会在这十条之外提出一些新的领导技能，但令我惊讶的是，在过去三年经历过的几百次研讨会上，我发现人们对这十条并没有什么补充。现在，我坚信这十条已经涵盖了绝大部分领域，虽然不同组织用来描述这些技能的语言会略有不同。

4. 除了传统方法，我们还需要其他一些手段来发展领导力、培养高管。为了帮助领导者创造未来，领导者必须把自己沉浸在未来，并在低风险环境中锻炼他们的技能。

这个话题——沉浸在未来，会在本书中反复出现。领导者必须将自身沉浸在未来，然后回到现在，准备创造美好的未来。

过去几十年来，人们对于未来的看法经历了重大的转变。图 1 所示的徽章来自 1964 年由通用汽车主办的世界博览会世界未来馆（World's Fair Futurama Pavilion）。这个徽章采用轻质金属制成，可以贴在口袋或者 T 恤上，上面的标语反映了那个时代人们对于未来的看法。那时候，展望未来是政府、科研机构和诸如通用汽车这样的大型公司关心的事；未来非常遥远，要靠科技来驱动；未来是由身居权力要职的人创造的。其他普通老百姓就应该满怀敬畏和赞许来接受未来，而不是创造未来。

图 1　1964 年由通用汽车主办的 World's Fair Futurama Pavilion 的徽章

图片来源：未来研究院。

现在，还有人依赖通用汽车或其他大型公司来创造未来吗？我想应该没有，我们认为通用汽车可以生存下来，而且很多人也希望它能成功，但几乎没有人还在指望通用汽车来给我们创造未来。现在的消费者要自己创造未来，而且他们不喜欢被叫做“消费者”。在他们创造的未来世界，消费会被重构，同时，他们也不再被称为“消费者”。

1964 年，未来在人们眼中非常复杂，人们只能奢望通过大型公司、政府机构和科学家窥探到一点未来的影子。那时候，普通人都依赖偶像般的领导来为大家创造未来。

2008 年，我的同事杰森·泰斯特（Jason Tester）对 1964 年的那个徽章做了一些修改（见图 2）。他把原标语“我看到过未来”改成了“我正在创造未来”。

图 2 旧徽章的新标语

图片来源：未来研究院。

这个徽章捕捉到了目前人们对于未来的看法。人们不再依靠大型公司、政府机构或大学来为大家创造未来。“我正在创造未来”是对大家的一种召唤，号召大家积极行动起来，共同创造未来。

这种创造者的本能是未来所需的最基本的领导技能，它能激发其他九项技能。本书中讲述的十大技能环环相扣、共同作用。比如，清晰这项技能，能帮助领导者用实际、鼓舞人心的语言激励人们；公地创造是最难掌握的一项技能。十项领导技能中，每一项都与其他各项紧密相关，领导者应该决定什么时候强调哪项技能。对领导团队来说，这十项技能都非常重要。

本书插页的图总结了未来十年影响领导力的一些外部力量。领导力必须跟随我们面临的外部力量的变化而变化。

全球的贫富差距是最基本、最极端的一种外部力量，而且，差距还在加剧。挣扎在贫困线上的人对 VUCA 深有体会：他们的生活变化无常，每天都生活在不确定、复杂和模糊的环境中。不幸的是，差距不太可能逐渐缩小，却很可能继续扩大。

在《赢得先机》这本书中，我花了整整一章的篇幅来探讨“VUCA 世界：危险和机会”。VUCA 并不新鲜，领导者们过去或现在已经处理过很多 VUCA 事件。在面临不确定性时，我们需要领导力也并非新的想法。VUCA 一直都是生活的一部分，领导者的生活中也从来没有缺少过 VUCA。但是我觉得未来十年会有所不同。

未来十年不同于以往的是 VUCA 的规模和强度。鉴于我 40 年的预测经验，我坚信，未来的世界肯定会更加变幻莫测，不确定性、复杂性和模糊性的程度肯定更高。

40 年来，我一直在做十年预测，但本书插页的预测是我做过的预测中最吓人的，不过，也是最有帮助的。

再次强调，没有谁能真正预知未来。预测的目的是为了给人们以启示。我希望本书的预测能够启发人们思考，找到防止这个吓人的预测成为现实的方法。也许有很多人将绞尽脑汁证明我的预测错了，我自己也希望预测中的很多部分永远也不要发生。我希望领导者能够凭借其聪明才智有效地进行规避。

作为预测家，我的一大职责是帮助人们学会坦然地面对“不舒适”的状态。预测最大的价值是帮助人们在感觉不适的情况下有效地进行领导。未来十年肯定会充满不适，但我们可以采取各种积极的行动去应对。

领导者必须适应放大版的 VUCA 世界，并喜欢上它。如果你有幸体验不那么混乱的未来，就把它当成上帝的恩赐吧，同时庆幸自己做好了被“惊吓”的准备，因为接下来你还是有可能体验一些你意想不到的事情。对很多领导者来说，几乎没有什么经历是可以预知或变化缓慢的。

图 3 总结了我在《赢得先机》一书中详细阐述过的预见—洞见—行动三者之间的循环。预见启发洞见，而洞见孕育行动。预测的目的是为了帮助我们在现在更好地进行决策。

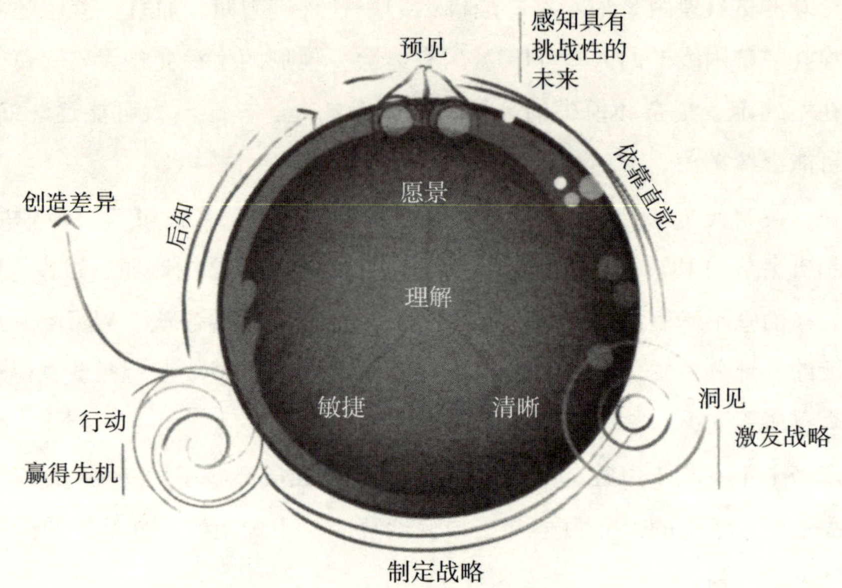

图 3　预见—洞见—行动循环

注：具体细节参见《赢得先机》。

图片来源：未来研究院。

请大家注意一下，在预见—洞见—行动循环中，VUCA 的正面定义，即未来的领导者必须有远见、领悟力、清晰度和敏捷性。VUCA 世界并非百折不屈：

- 变化屈从于远见。
- 不确定性屈从于领悟力。
- 复杂性屈从于清晰度。
- 模糊性屈从于敏捷性。

最大的危险就是猝不及防，但你可以通过事先为自己和组织做好准备来控制风险。透过繁杂的噪声倾听未来十年的声音是最好的准备方法。

未来十年：神奇的时段

创造未来始于倾听。即使在一个充满变化、不确定性、复杂性和模糊性的世界里，只要你仔细听，通常都能分辨出变化的方向。本书封套内侧的图特别突出了变化最可能发生的区域。在未来研究院，我们发现预测的最佳点是未来十年：一方面，十年足够遥远，已经超出了大多数机构进行未来计划的范畴，另一方面，又不至于让人觉得不可信或者和现在毫不相干。此外，十年足够让我们清楚地看到一些在现实嘈杂的噪声中不可见的模式。

本书以未来研究院的预测开篇，通过对未来的展望，探讨未来领导者所必需的一些领导技能。导言部分主要带领大家了解我们对于未来的预测，在阅读该部分时，我建议大家翻开插页，边读边看插页上的图。

作为一个预测家，我可以通过预见来启发你，但洞见和行动却要靠你自己。需要强调的是，你同不同意我的预测都没有关系。事实上，最好的一些预测恰恰是你不喜欢、让你感到局促不安的部分。预测的目的是启发，而不是预测本身，没有谁能够预知未来，尤其是在一个 VUCA 世界里。

接下来的每一章都围绕一项未来所需的领导技能展开，并讲述预测与该项技能之间的关联。每章开头都有一幅象征性的图画，对应这一章要讲述的这项技能。这些看似抽象的图画旨在启发那项技能所需的情感。这些图都出自艺术家兼纪录片导演安东尼·威克斯（Anthony Weeks）之手，他和我有过多年的合作，他的画帮我把我们在研讨会中讨论的未来形象地展示给了大家。

当你翻开本书的插页，研究上面的预测时，请注意一下这张图的样子以及它给你的感觉。它是一张有机的矩阵，代表了我们对于未来十年的预测。在我们正在步入的未来，变革将席卷而来，而且会对大自然造成威胁。工程及机械思维推动了上一次经济繁荣，下一次繁荣将要靠生物以及全球“福利经济”（包括医疗、福利和其他有关福利的各个方面，如财务、社会、身体、职业和精神等层面）来推动。这个预测为本书的其他部分设定了未来的情境，其中包含的各种未来的力量将塑造未来的领导者及其领导力。

本书插页上的图把未来领导者要考虑的各种外部力量浓缩在了一页纸上。图的右侧是未来世界所需的十大领导技能。接下来的十章将依次介绍这些技能，同时还附带与各项技能相匹配的一些能力和特质，勾画出了未来领导者的轮廓。本书以个人对未来领导者的一些指导建议结尾，重点阐述了如何为你所要创造的未来做好充分的准备。

财富严重不均是主要的障碍之一。如今，在世界很多地方，饥饿、安全和生计依然是人们每天要面对的挑战。在贫富差距缩小的地方，对未来十年进行预测很难，但对贫富差距日益扩大的地区却很容易。未来研究院2011—2012年度十年预测这样说道：

> 复原能力可以被定义为积极适应变革的能力。虽然缺乏教育、暴力环境和社交技能的匮乏都能削弱复原能力，但其最大的威胁却是长期的贫穷……世界上最富有的1%的人口掌握着和底层57%的人一样多的财富。

预测图上新增的两个已知的未知领域

第二版的十年预测图包括图中间的两股新力量：数字时代新生儿和基于云的超计算。我把此类影响未来的力量看做已知的未知领域。对于每股力量，我们都有一定的了解，但相对于我们未知的，已知的可能会误导我们。这两股力量在某些方面非常明显，在其他方面却难以预测。

数字时代新生儿将成为一股破坏性力量，其影响将远远超出我们的想象。我把数字时代新生儿定义为：在2012年，年满16周岁或年纪更小的人。对于现在25岁或者更年轻的人来说，年代这个概念已经从以前的10年缩短为6年，而且还在继续缩短。所以，虽然现在进入职场的20岁出头的年轻人在社交媒体的帮助下相互之间联系非常紧密，但他们已经算不上真正的数字时代新生儿了，所以对他们不用太在意。

一般来说，一个人在青少年时期接触的媒体形式将直接影响其后半生。数字时代新生儿是在社交媒体和云计算环境下即将长大成人的第一代青少年。我们知道如何从宏观的角度评估和预测人口的变化，但不知道这群在充斥着各种新媒体的环境下长大的青少年的想法和行为和以前的人有何不同，也不知道他们会如何改变世界。

即便他们不是数字时代新生儿，2011年埃及的抗议者也让我们看到了未来大概是什么模样。抗议者中很多都受过教育，却找不到工作，因此对未来没有希望。到2021年，地球上任何一个25岁或不到25岁的人都将是数字时代新生儿。除非我们在未来9年找到缩小贫富差距的办法，否则这些数字时代新生儿中的相当一部分将具备以下特征：饥饿、绝望、受过教育（正式或非正式）以及紧密相连。这个预测不仅仅是可能的，其可能性还很大。

数字时代新生儿：即将改变世界的一代人。接下来，将介绍未来领导者要考虑的一些已知因素和未知因素：

已知

·这群青少年是在社交媒体环境下即将长大成人的第一代。

·这代人从小伴着电脑游戏长大，不但熟悉电脑游戏生动形象的用户界面，而且接触过不少非常暴力和色情的内容。

·不同的人在技术工具的可获取性方面的差距依然存在，但基本不会出现某些人接触不到这些技术工具的情况。不管你多么贫困，你都能够获取这些工具，而且肯定会越来越好。富裕的人自然会接触更先进的技术工具，但穷困的人依然可以相互联系，而且联系会越来越紧密。

·由于从小接触强大的媒体，数字时代新生儿过滤信息的方法不同于其前辈。

未知

数字时代新生儿的大脑的工作原理似乎不同。他们想问题的方法不同于前辈吗？如果真是这样，不同在哪里？他们会因为相互之间更紧密的联系而更具同理心吗？他们是不是不能集中精力或深入研究某些课题？还是他们这些方面的能力更强？没有人能回答这些问题，但很多人还是对他们带有偏见。我很惊讶，我遇到的很多人都对数字时代新生儿抱有负面，甚至鄙夷的态度。但我自己是一个乐观主义者，我觉得我们应该对他们可能给我们带来的一切保持开放的心态，正面的也好，负面的也罢，总之要以开放的心态来看待。

·早期接触的过于暴力和色情的游戏是否还有潜在的不良影响？

·他们过滤信息的能力如何能帮助他们透过复杂的现象发现事情的本质？他们的思维能力如何？集中注意力的能力如何？写作能力如何？

·贫困和绝望的人也能接触到这些媒体，我们不知道他们会如何应用这些技术，但可能会具有一定的破坏性。

云计算：云计算将为创新提供一种新的模式，有了它，几乎一切都将变得可能。这种人与人之间相互联系的方式的重大转变将进一步凸显人类有史以来最大的创新机会。

我们知道，云计算可以让我们把 IT 外包，但我们不知道由此会产生哪些新的相互联系和协作的方式，或者新的商业形式。虽然，交易和早期社会媒体主宰着目前的网络，但未来云时代的主流将是互利互惠。

互惠型创新将创造机会鼓励人们以明智的方式去奉献、去给予，并在给予的同时期待着得到更多回报。这种为了获取而给予的云逻辑对于未来的领导者来说非常实用。而且，未来领导者将在云环境下创造未来。卓越的领导者将非常擅长在什么情况下选择哪种媒介方式。

以下是未来领导者要考虑的一些有关云计算的已知因素和未知因素：

已知

·很多现有的信息技术功能将被外包给云，但这仅仅只是开始。

·云计算意味着更多的人将通过各种设备来获取超计算能力，以共享云中的资源。

·未来，人们将随身携带各种基于云的过滤器，以指导他们进行购物或日常生活的其他方面。

·云计算意味着更多的人将获得原本只有大型组织才能享受的连通性。

未知

·云计算将催生哪些新的相互联系、协作和商业模式？

·基于云的过滤器将如何改变品牌、购物体验和广告的性质？

·谁来提供最好、最受欢迎的过滤器？

·在云时代，数字时代新生儿将如何塑造新的身份和新的价值交换模式？

本书插页列出的五点是未来领导者必须考虑的几大驱动力或未来力量。大圈代表威胁和机会并存的热点区域，而大圈周围的小圈代表“信号”，表明预测正在逐渐变成现实。灰色的小圈代表与多个热点相关的信号。

流散群体：新兴经济体。“流散群体”（Diasporas）是犹太律法中一个很古老的词，特指与上帝的应许之地——迦南隔绝的犹太人。他们与迦南紧密相连，却被无情隔绝。犹太人、非洲裔美国人或者研读过旧约的人肯定对这个概念非常熟悉。这个概念也可以帮助人们理解未来，但未来的流散群体将有其独特之处。他们受地域的限制会越来越小，相互之间虚拟的联系会越来越紧密。有的人将固守历史传统，有的人则会与时俱进。

新的流散群体将是一些由价值观联系在一起并被社会媒体放大的社会网络。很多类型的流散群体将变得非常重要，包括：

· 气候变化导致的流散群体，大家因为共同经历的灾难而联系在一起，比如由飓风卡特里娜导致的流散群体（见图 4）。

· 未来十年，随着城市化进程的推进，从乡村流向城市的流散群体将越来越普遍。而且，这个现象在中国、印度和非洲会更加突出。由于乡村人口的流动，很多人，包括儿童就可能被留在乡村，变成留守儿童，这就导致了其他一些问题的出现。

· 文化流散群体，比如在硅谷或世界其他地区的海外华人或海外的印度人。当然，由于中国和印度都比较大，所以大的群体下面还有很多小的分支群体。

· 企业流散群体，比如麦肯锡、宝洁、IBM 或苹果的雇员群体。对于有的公司来说，其雇员群体不但包括现有雇员和前雇员，还包括雇员的家庭、供应商、外包商等。你可能已经不是某个公司的雇员，但你可以一直都是该公司群体的一分子。

· 生物流散群体，指共有某些生物特性或健康状况的群体，比如患有类似疾病的人组成的群体。

· 金融流散群体，比如在伊斯兰信仰体系下，创造新的抵押、债券、保险甚至货币形式的伊斯兰金融社区。伊斯兰金融虽然并不新鲜，但之前

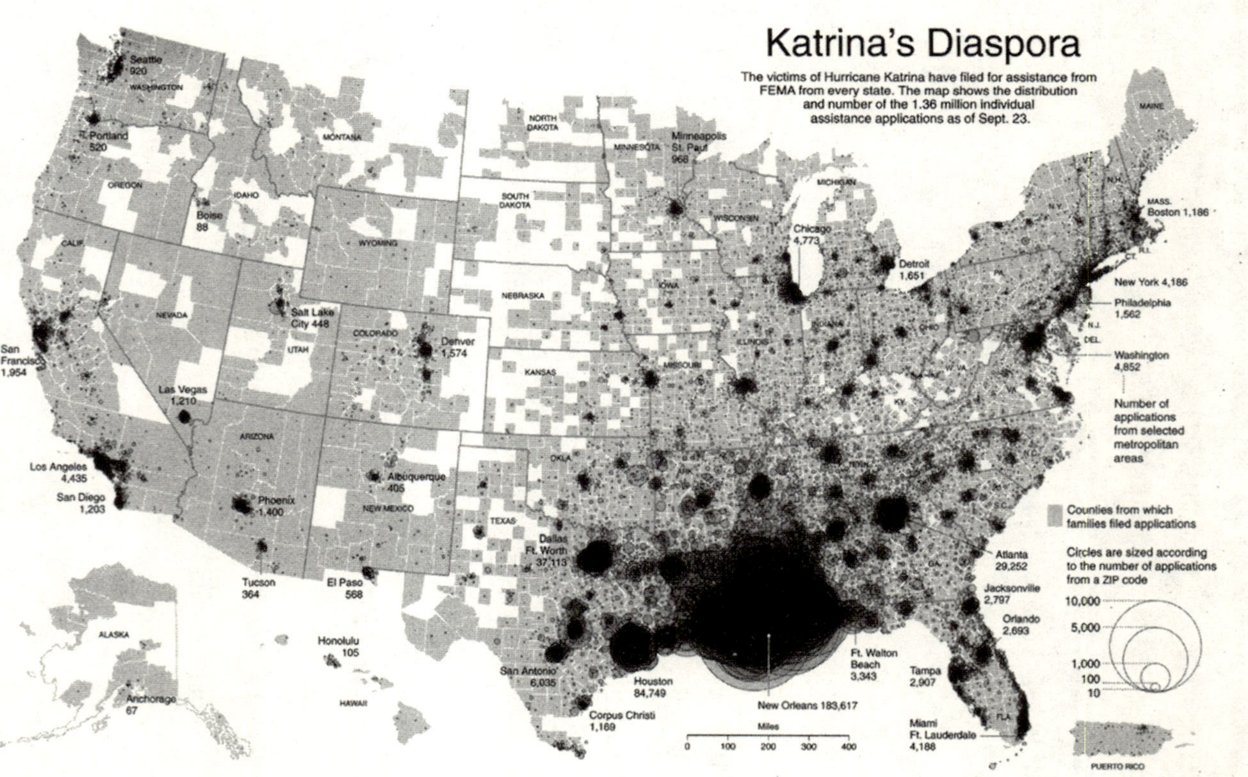

图4　该图显示了由在飓风卡特琳娜中受灾的流散群体进行的现场救援的分布情况

图片来源：已获得《纽约时报》图片部使用许可。

西方世界一直对此知之甚少。未来十年，伊斯兰金融的模型将发生重大变化。

有些群体可能是好的，但也有些可能是邪恶的。群体其实就是一群可能身处各地，但却依靠共同的价值观紧密联系在一起的人。在未来研究院的预测中，我们认为，在新兴经济体中，流散群体甚至比传统的政府或地区联系更重要。的确，在很多发展中国家，流散群体已经完全融入政府和商业实践之中。在群体中，创新和想法传播得更快，因为成员之间拥有共同的信仰和高度的信任。

一般来说，群体内部成员之间有很强的纽带，但外部的人要想融入内部、与其他成员建立信任和密切的协作关系，却要花很长时间。所以，领导者必须理解群体，并且学会融入他们。实际上，大多数领导者都至少属于一个群体。

哪些群体可以帮助你定义你的身份？你容易与哪类群体产生认同感？哪些群体能放大你的领导力？哪些群体对你或你对未来的愿景产生了威胁？

公民社会：我们将一起做什么？在世界各地，将商业、政府、非营利机构和社区利益混杂在一起的方式有很多。到现在，我还清晰地记得我在中国读到的第一份早报，上面有个词“社会主义市场经济”引起了我的注意。在我看到这个词之前，我本以为经济要么是社会主义经济，要么是市场经济。但在中国，经济是社会主义市场经济，他们把政府和市场混为一谈，既让外人疑惑不解，甚至连有的中国人也摸不着头脑。政府的职能是什么？市场的职能又是什么？社区和个体又有什么作用？这些都是我们要思考的问题。现在，有的政府由于各种原因（包括金融方面的原因）正挣扎在破产的边缘。在这个由云计算紧密联系的世界里，各国将一起为未来做些什么呢？

未来，政府与政府之间、市场与市场之间以及人与人之间的交互方式会越来越复杂，而且很多交互都将通过电子化的途径实现。基于网络的联系可以帮助人们把资源汇集在一起，从而有更多机会来改善我们的设施和合作能力。人与人之间的联系空前的紧密，但这并不意味着人们就能自动地凝聚在一起。即便如此，紧密的联系依然有其强大的作用——人们相互联系得越紧密，合作就会越顺畅。而且就像2008年席卷全球的金融危机和2011年的阿拉伯之春一样，人们相互联系得越紧密，类似的事件传播得就越快。未来的领导者将有机会以全新的合作模式融入社会。竞争与合作将并存，但具体的方式将因地区和国家而异，有时甚至因城市而异。

在塑造未来的过程中，公司将扮演一个重要的角色。虽然它们与政府是分离开的，但合作的方式依然有很多。通常来说，公司要比政府在技术上更先进、变革更快，但我们还是需要一些共同的设施和服务才能成功。对于未来的领导者来说，决定我们一起做什么以及把什么留给市场自己来解决将成为他们即将面临的重大决策。

粮食：贫富冲突的触发点。粮食和水是人生存的基本需求。未来十年将是粮食生产和分配的关键时期。粮食不仅可以果腹，还具有强烈的文化性。未来十年，很多地区都将面临粮食和水匮乏的问题，而且粮食安全也将继续成为人类要面对的一大挑战。如果没有安全的粮食，其他一切都是空谈。

粮食的分配和生产一样重要。人们分散在世界各处，因此粮食必须进行分配才能到他们手中。粮食的产地将是对其进行估价的重要依据之一。某些地方生产的粮食可能不安全，或者说，人们认为这些地方生产的粮食不安全。粮食和水的短缺将成为贫富冲突的触发点。从一定意义上说，贫富差距很可能将人划分成健康和不健康或者丰衣足食和食不果腹两类。

生态系统：驾驭生活。各国政府对全球气候灾难缺乏反应的态度恰恰表明了它们的短视，没有放眼未来的意识。

当今社会，利润通常是由季度回报等经济标准来进行衡量的。一定时期内的盈利能力必须以可持续性为前提。全球气候灾难其实是为我们敲响了警钟：我们不光要考虑未来几年，更要考虑未来几代。自然生态系统一方面很强大，而在另一方面又很脆弱。目前，很多企业都在努力适应生态系统的要求，但在这方面，很多政府比企业还要落后，比如沃尔玛在环境条例方面就比美国政府还要严格。沃尔玛的这种做法令人钦佩，但美国政府呢？

在未来十年，甚至更长一段时期内，全球气候灾难将像一团乌云一样漂浮在地球的上空。很多气象模型都显示，大多数严重的负面气候影响将在10年之后才会爆发，但我们在未来十年所作的决策将产生深远的影响。虽然，对大部分公司和政府机构来说，10年看上去很长，但对于气候周期来说，10年其实很短。全球气候变化只能以10年为单位进行预测。领导者应该多考虑全球气候之类的生态系统问题，并把它们当做日常决策的一部分。人类行为正在对地球产生着深远的影响，未来十年的领导者不光要领导各个组织，还要引领生活，为子孙后代营造好的气候环境。现在的领导者有机会让我们的世界变得更具有可持续性。

放大的个体：延展你的身体。未来十年，人们的寿命很可能会更长。当然，贫富差距依然会造成人们在健康方面的差距。一方面，很多人在为生存而挣扎；另一方面，有的人比一般人更健康，还有少数享有更长的寿命。未来，人们会以独特、强大的方式将大家的思想、身体和网络联系在一起从而放大个体，让大家的身体得到延展。

目前已经步入中年的婴儿潮一代将在身体延展方面起主导作用。这代人在年轻时常说："千万别相信30岁以上的人。"随着年龄的增长，真希望他们能喊出一个新的口号："千万别相信60岁以下的人。"

放大的个体将创造放大的组织。人们相互之间越来越紧密的联系正在改变着人们自我管理的方式。我们不应该只把领导者看做一个个体，而应该把他看做是多个不同网络的结点。从这个意义上来说，好的领导者不会是孤立的，而应该在世界各地建立广泛的联系。

未来，规模经济将让位于组织经济。网络越广、越健康的领导者就越好。实际上，未来十年，高层领导者中将很少有人超重或者遵循不健康的生活方式。这和以往大有不同，过去的高层领导者吃、喝、游都过剩，唯独运动太少。

这些外部力量将依次出现在接下来的十章当中，为评估未来哪些领导技能最重要提供依据。

虽然本书其余部分将主要探讨未来所需的领导技能，但我想先阐述几条亘古不变的领导原则，这几条原则在充满变化、不确定性、复杂性和模糊性的未来世界依然适用。

亘古不变的领导原则

我们在未来研究院做十年预测时，经常要回顾过去。一般来说，要预测未来十年，我们通常要回顾过去 50 年。在这个过程中，我们发现，几乎没什么事情是从来没有发生过的。所有的一切都在之前曾经尝试过，但失败了。最近，我的同事罗德·福尔肯（Rod Falcon）和他的团队正在为绿色健康做预测，他们竟然回顾了过去两个世纪，然后展望未来十年。这是我见过的时间跨度最大的一次预测，但鉴于这个课题本身的性质，这么大的时间跨度的确是非常必要的。为此，有人就提出了这样的论调——做任何十年预测，都应该回顾过去一两百年，因为多数社会变革都是在这么长的时间段内完成的，不像现在，很多商业决策都以季度为单位进行。很多人问我："如果连未来一年或者两年都预测不了，又怎么能预测未来十年呢?"我的回答通常都会让他们吃惊——预测未来十年比预测未来一年简单，因为未来的变化模式在十年这个跨度内会更清晰。

早在 1996 年，我成为未来研究院的总裁时，就开始列这份领导原则清单。那时候我研究领导力已有多年，但当总裁还是头一回。坐上这个位置，我才发现当总裁比我想象的要难得多。我发现我面临着很多挑战，而我并没有做好准备。于是，我经常会有一种挫败感，而且偶尔会觉得很沮丧。我还有一些生理上的反应，比如几乎每天下午都会头疼。同时，情感上也有一些异常，比如难过的时候会不经意地流泪。这些症状都让我觉得我必须改变我的生活状态和领导方式。这 8 年的经历告诉我，当领导比研究领导力难得多。在困难时期当总裁的这段经历让我有了当领导的一手经验，这让我大大加深了对领导力的理解，同时也领悟到其未来的发展方向。

本书主要探讨未来所需的新的领导技能，但并非未来领导者所需的所有技能都是新的。例如，CCL 就在研究中发现，个人及早期职业经历对于激发未来若干或所有领导技能具有决定性作用。亲身经历可以让领导者强化、拓展这些技能，并在实践中进行应用和转化。

以下是我个人非常欣赏的几条领导原则，本书接下来要讲的未来所需的十大领导技能就受这几条原则的影响。

抢占先机：预测何时应该行动，以便先人一步到达目标，但也不能提前得太早。就像我在《赢得先机》这本书中提到的，我就按照字面意思来理解这句话：我特意时时刻刻先人一步，这可以帮助我改善我的表现，同时缓解压力。

注重身体和精神健康：在不健康的环境中保持健康的能力。根据我个人的经验，我觉得体育锻炼和健康的生活方式对于领导力来说至关重要。现在，注重健康生活方式的人能接触到的信息更多，而且健康的生活方式在当今社会确实非常必要。但要想以一种健康的方式生活还需要一定的自律。领导者必须保持充沛的体力和精力进行工作，同时感染周围的其他同事。

聚精会神：屏蔽噪声和干扰，在任何情况下都聚精会神的能力。没有哪个领导者能够吸收所有的东西，即使在因特网没有出现之前。所以，领导者必须学会过滤信息，抓住事物的规律。随着信息来源的大幅增加，过滤信息变得越来越困难。在这方面，年青一代更有优势。对于领导者来说，过滤信息这项能力一直都很重要，但在信息爆炸的未来，要做到这一点非常困难。

时刻做好准备：预测、准备和实践的能力。我们无法控制未来的世界，但我们可以做好准备。随时做好准备是领导力的一个重要方面，而且，随着未来不确定性的增加，领导者更要时刻做好准备。意外不可避免，但领导者可以考虑未来的各种可能性，并就如何回应进行演练。关于这一点，我会在第四章进行详细阐述。虽然领导者无法预知未来，但他们可以为未来的各种可能性做好准备。

张弛有度、严慈并济：知道何时施压、何时安慰的能力。旧金山四九人队教练比尔·华许（Bill Walsh）把这一条看做一项关键的领导技能：能够分辨什么时候团队成员处于超负荷状态，什么时候他们有点自信心膨胀。成员超负荷时，领导者要非常耐心，而当他们有点忘乎所以时，领导者就要对他们施加一点压力和紧迫感。比尔退休前，他的办公室就在未来研究院所在的园区，紧邻斯坦福大学。当时，我专门就他的领导方式采访过他。采访中，他反复提到这一条——领导者对于下属要张弛有度、严慈并济，具体什么时候该怎么做取决于具体的情境。他说领导者最重要的一个职责是倾听、感知并且实践这一条原则。当事态严峻、气氛过于紧张时，领导者要适当放松、缓解压力；而当大家过于放松、忘乎所以时，领导者就要收紧，并施加一定的压力。

描绘蓝图和倾听：构建和描绘蓝图的能力，帮助大家想象未来是什么样子。伟大的领导者通常都善于描绘蓝图。遇到问题时，我们可以用公式来解决，但遭遇困境时，却需要有人给我们讲故事、描绘未来的蓝图。由于未来充满各种困境，很多可能是解不开的谜团，有的还可能充满惊险和悬疑，所以未来的领导者必须善于利用各种媒介给大家讲故事、描绘未来的蓝图。

谦卑但充满力量：怀揣勇气和明确的意图积极行动，但却时刻保持谦卑。这项领导技能很难掌握。放眼未来的确可以让人变得谦卑。关于这一点，我将在第七章进行详细阐述。其实，这本书是献给未来研究院前总裁罗伊·阿马拉（Roy Amara）先生的，他是我学习的榜样，虽然谦卑，但却充满力量、强大无比。

同步性：在巧合中发现规律的能力。领导者应该先人一步发现事物中存在的规律。在个人经历和未来的可能性之间建立联系的能力对于领导者来说至关重要。伟大的领导者都具备这项技能，但今后，培养这一技能会越来越难，因为事物内部的规律会变得越来越难以分辨。我在神学院念书时，曾经觉得卡尔·荣格（Carl Jung）有关同步性的定义是我见过的最深奥的概念之一。实际上，它和上帝这个概念在同一个范畴。总之，有意义的巧合对于领导者来说至关重要：领导者们必须仔细聆听、感受这些规律，发现事物之间的联系。

上述这几条亘古不变的领导原则是我理解未来所需领导技能的基础和起

点。虽然，未来世界和现在差别巨大，但这并不影响我对这几条原则的信赖和坚持。

我在未来研究院的新同事莉莎·凡黎坎格斯（Liisa Valikangas）认为除了领导力和战略，组织还需要复原能力：

> 我们应该培养组织的复原能力，这一点很有必要，因为领导力行为可能被延迟、可能错误、可能不足，甚至可能根本就不存在（或者领导者本身就不是一个合适的人选）。培养组织的复原能力可以帮助组织在领导力相对较弱的时刻生存下来，同时顺利度过战略变革。当一个组织的领导力无效时，复原能力就成了组织赖以生存的救命稻草。

莉莎这么说其实是在扩展领导力的范畴。实际上，要想在未来世界站稳脚跟，不光高层领导者需要复原能力，所有人都需要。我们所有人都要成为领导者。每个领导者都有他们擅长的某些技能，但要学的东西还有很多。本书要探讨的是未来领导者在吸取过去经验以及放眼未来的基础上，需要在领导方式上进行哪些转变。领导者可以创造未来，但单靠他们自己肯定不行，不掌握新的技能更不行。未来十大领导技能会帮助你在这个充满变化、不确定性、复杂性和模糊性的世界里培养复原能力。

在写这本书时，我有过挣扎，不知道应该如何定义领导力的这 10 个特点。应该叫它们胜任力？能力？还是特质或者风格？最后，我决定把它们定义为技能，因为我坚信人们可以通过学习来培养这些技能，而且我也希望多强调领导者可以改进的方面。不过，我也知道，有的人可能觉得技能这个词没有刚才提到的其他几个词含义广，但我要说的是，我用的是技能这个词的广义。

本书将按照特定顺序来逐一阐述这十大技能，每一章讲解一种。这 10 项技能的每一项都是未来领导者所必需的，他们要么自己培养这些技能，要么必须和具备这些技能的其他人一起合作。通过阅读这 10 个核心章节，领导者可以回答以下这些问题：

第一章：如何激发内在的创造本能？如何对其进行应用以提升你的领导

力？未来的领导者不光要能执行，还要能创造。

第二章：如何在复杂和困惑中，清晰地传达你的观点？如何在化繁为简的同时不陷入过分简单化的陷阱？

第三章：如何改善扭转困境的能力以便成功应对这些无法解决的挑战？

第四章：你能走出舒适区，把自己沉浸在全新的环境中进行学习吗？

第五章：你能从大自然中学习并且用所学来改善你的领导力吗？

第六章：意见产生分歧时，你如何积极地化解冲突以便平复和缓解紧张气氛？

第七章：如何在领导过程中，做到低调透明？

第八章：如何进行快速构建以便在不用付出巨大代价时尽早、尽多失败，并在过程中不断学习？

第九章：如何在众多媒介方式中选择合适的方式来组织聪明暴民？

第十章：如何创造公地或共享资产，从而在合作的同时进行竞争？

第一章
创造本能

创造本能是指发掘你内心深处创造事物的动机和欲望，并在创造的过程中与他人建立联系。

有没有创造本能不是你能选择的，因为每个人都有，但是你能选择的是，你想让你的创造本能白白荒废，还是充分发挥它的作用？对于领导者来说，要不要鼓励员工积极发挥他们的创造本能则是他们要作的选择。

创造的本能其实已经渗透了我们的语言以及我们认识世界的方式，生活中到处都闪现着创造本能。问题是如何把这种本能转化成领导技能，并把领导者的创造本能与他人的创造本能统一起来。很多人意识不到自己的创造本能和潜力。所以，要想把它转化成未来的一种领导技能，必须首先对它进行识别和培养。创造本能是创造未来的关键。

除了要自力更生，领导者还必须学会把大家联合在一起。创造本能必须通过人与人相互之间的联系进行放大。

每次入职一家新公司，我都喜欢向领导打听他们有什么爱好。如果他们的爱好比较复杂、奇特，而且特别耗费时间，就可能意味着他们的创造本能在工作中没有得到充分的发挥。也许，这个公司正处于平稳发展期，不需要领导者过多地投入，也不太需要利用领导者的创造本能。

我曾见过一个大公司的技术高管，他的业余爱好竟然是改装旧的蒸汽发动机。虽然这个爱好无可厚非，但显然有点过了头：他有堆积如山的旧蒸汽发动机要改装。后来，随着了解的深入，我发现他所在的公司的文化使得他的创造本能完全没有用武之地。他们公司的领导者在上班时只做一些分内的工作，回家后，才做真正想做的事情。他们创造了一种注重有序管理的公司文化，却没有充分发挥他们的创造本能并用它来提升领导力。从某种意义上来说，这家公司实际上是在以牺牲领导力为代价来推崇管理。不得已，员工们只能在家通过一些奇特且耗时的爱好来发挥他们的创造本能。

需要澄清的是，我并不反对大家有自己的爱好，我反对的只是这种给大家下达命令、让他们遵守规则的领导方式，真正的领导应该调动大家的积极性，让他们了解工作并且不断改善。

再举一个例子：有的演说家喜欢准时出场，然后讲完了立马走人，他们对于到场之前以及离场之后的听众的反应丝毫不感兴趣。但创造者就不同了，他们希望了解想法产生和发展的过程，而且喜欢对这个过程施加影响。领导者应该充分了解听众的反应以便理解整个演讲的背景以及其中隐含的各种关系。讲完就走这种方式绝对不是团队领导者的方式。杰出的演讲者都竭尽全力想要知道听众的需求，而不是自说自话地演讲，然后拍屁股走人。

创造本能是未来领导者必须具备的最基本的技能，比其他技能都重要。创造本能有着很深的根源。在世界各地的海滩，你总能看到孩子们在沙滩上不停地挖来挖去，他们为什么要挖洞、建沙堡呢？这些小创造家们其实就是在发挥他们的创造本能。我觉得大部分成功的领导者小时候肯定在这方面都很擅长。其实，说白了，领导者就是创造者，他们满怀热情地创造组织，和热衷于建沙堡的小孩子没什么区别。领导者的职责就是创造条件，帮助组织实现高绩效。

未来的领导者在控制欲方面会有所下降，他们会更注重与他人合作，因为要想创造未来，必须让人与人之间的联系变得更紧密，每个人都是网络的一部分。如果说领导者是网络中的结点，那杰出的领导者就是对形成、维系及扩大网络至关重要的核心。

我的父亲就是一个创造家。为了放松，他会独自一人跑到地下室，搞一些他感兴趣的小项目。他是《大众机械》（Popular Mechanics）（一本很有名的期刊）的忠实粉丝，每次看这本书都能点燃他内心深处的创造本能，做一些看似疯狂但很有意思的小发明，比如拉在汽车后面的滑翔机。他还有一个吓人的玩意儿——一台巨大的多功能木材切割机。从小，家人就跟我说，这个机器很危险，要离得越远越好，只有当我自己成为创造家时，我才能驾驭它。但学木工对我来说并不容易，我的手艺和我父亲比起来差了十万八千里。不过，多亏了我父亲，我到现在还保留着小时候在某次童子军活动上做的一个托盘。这个托盘是用当地一个电台废弃的唱片做成的，上面还刻了一些圆形的图案做装饰。实际上，我们这帮小孩子并没有做什么，只是花了一点点时间，做了一些零碎活。但等到下个礼拜，我父亲基本上把剩下的事都做完了。虽然大部分工作是父亲做的，但我还是觉得这个托盘是我的成果。为了满足我创造的欲望，他帮了我很多忙，给我提了很多建议，防止我受到任何伤害。对我来说，躺在我家地下室的这个机器就像创造本能一样，既让人向往，又令人敬畏。

我的父亲是一个擅长单打独斗的创造者，喜欢一个人窝在地下室搞他的项目。未来，虽然这种创造者依然存在，但处于网络之中的创造者会更加强大。创造本能是个体所有的，但领导者必须用他们这种创造的欲望感染其他人，从而引领大家进行变革。创造者特别喜欢与他人分享他们的创造，而新媒体工具的出现会让分享变得越来越简单易行。

我的母亲也有很强的创造本能。她特别喜欢缝纫和编织。小时候，我们的衣服都是她亲手做的（现在我觉得这很难得、很宝贵，但小时候并不这么想）。每次去教堂，我的母亲和祖母都会去参加由缝纫和编织爱好者组成的小社团，大家边聊天边干活。我祖母在晚年的时候成为了教堂的一名志愿者，专门为发展中国家那些需要帮助的人缝制衣物。她喜欢进行创造，而且她创造的东西不光为他人喜爱，还让他人受益，这让她的创造变得更有意义。对我祖母来说，在她生命的每个阶段，进行创造都是一个重要的组成部分，虽然在不同阶段，创造的东西各有不同。每个人都有创造本能，但不同的人发挥这种本能的方式也不尽相同。可以说，创造本能无处不在，未来，它更是无孔不入。

《创新》（Make：Magazine）是《大众机械》和那个时代另外一本有关创造家的杂志的现代翻版。它的创始人戴尔·多尔蒂对这本杂志的历史渊源以及他所谓的“创造者思维”了然于心。为了向前辈致敬，《创新》的纸质版杂志的大小都和30年前流行的如《大众机械》和《大众科学》（Popular Science）等DIY杂志一模一样。创造者都尊重其渊源，而且很多创造者都有很深的渊源。

现在，每年的制汇节（Maker Faine）都吸引着十几万创客（Maker），相互分享自己创造的东西，而且制汇节也在不断推动着其他创客活动的发展，比如TechShop和Instructables。TechShop（http：//techshop.ws）是专门针对创客的一种会员制俱乐部。

最近被Autodesk收购的Instructables是专为创客设立的在线交流平台，其网站界面非常简洁，旨在让创客分享他们是怎么进行创造的，同时教其他人进行创造。

创造本能是与生俱来的一种特质，在每个人身上都有不同的表现。《创新》、TechShop和Instructables就在向我们强烈地预示着未来的一个重要趋势。创造本能的重生将重新塑造未来的领导方式。

创造本能的定义

创造本能是指驱使人构建或创造新事物的内在动力。虽然人们创造的东西很多都是机器，但创造本能却是人类所特有的，既可以体现在种植农作物上，也可以体现在做东西上。创造本能的核心是想创造新事物的欲望，而不是对已有事物的欲望。拥有创造本能的领导者总想着不断改进其所在的组织。管理者和领导者都会经常过问工作的进展情况，但与管理者不同的是，领导者总有一种让工作做得更好、进展得更顺利的冲动。

凯文·科斯特纳（Kevin Costner）主演的电影《梦幻成真》（Field of Dreams）就是以创造本能为主题的一部电影，讲述了一个热爱棒球的农夫的奇遇故事。他在自家位于爱荷华州的玉米田里一直听到一个声音，而且脑子里经常出现棒球场的画面。为了弥补自己少年时的缺憾，他力排众议，在土地上建造了棒球场，接着奇迹就发生了。当然，科斯特纳饰演的这个人物有点不切实际，但他有着强烈的创造欲望，必须找到合适的途径进行释放。我相信，看过这部电影的人肯定都觉得他应该跟着自己的感觉走。

创造者都喜欢亲自动手，把东西拆开一探究竟。就像《创新》杂志的格言所说：如果你不能打开某个东西，它就不属于你。这里，“打开”不光指把某个东西拆开，还指这个东西可以被改装或者根据个性化的要求进行定制。对比这条格言，大家可以想一想现在的很多生产商，他们不希望你拆开他们的产品，而且一旦你拆了，就不再享受保修服务。当然，允许客户拆开产品的具体标准非常重要，比如丰田赛恩就非常注重定制化，但并不是赛恩的各个部件都可以被改装。生产商在保留其特有优势的前提下，必须决定哪些部件可以让客户定制。不过目前的总体趋势是越来越趋向于定制化。当然，这并不意味着知识产权会慢慢消失，但在未来十年甚至更长时间，知识产权会经历一场艰难的变革。

领导者会不断发展其组织，而动力的源泉就是创造本能。领导者将在未来十年外部力量的背景下，创造未来。

未来的创造本能

未来，人们肯定希望或者经常要求进行定制化和个性化。到那时，即使是外国产品也要让用户觉得是针对本土消费者制造的，或者至少不让他们觉得别扭。诸如 eBay 这种草根经济体系将使自下而上的金融交易成为可能。

创造者群体将不断壮大

在 2008 年的制汇节上，未来研究院给参观者发放了简易的摄像机，让他们去收集有关创造者的故事。结果，他们满载而归。例如，一只身高 6 米的电动长颈鹿在制汇节上大出风头。它的创造者为了创造它投入了 2 万美元和大量的时间、精力，但创造的过程对于他的家庭来说却是无价的。另外，还有两个液体雕塑家把曼妥思糖放入健怡可乐来创造气泡图案。

电脑高手史蒂夫·沃兹尼亚克（Steve Wozniak）在第二届制汇节上发言时说，制汇节精神让他想起了早期的个人电脑行业的情况。目前的很多创造者都在努力创造新产品或服务，也有一些纯粹是为了娱乐。现在，创造者们会聚在一起的新方式很可能对未来的领导力产生深远的影响。

最适合创造本能发挥的领域莫过于设计和数字技术领域。随着创造新事物的需求的增加，企业都在努力生产更容易让消费者接受的产品。Autodesk 是针对专业工程师和设计师销售昂贵的工程和设计软件的一家公司。过去 30 年中，这家跨国公司的客户人数高达 1.2 亿。2009 年，Autodesk 发布了 Sketchbook——一种适用于 iPhone 和 iPad 上的软件应用，价值仅 1.99 美元。但这项应用帮助 Autodesk 在短短两年内吸引了 700 万全球新用户。Autodesk 预见到了创造本能的增长，并由此开发了一种能吸引更多专业或业余创造者的新软件。

创造者团体中的成员通常都有共同的价值观，有时还通过一个能让大家感觉舒适、放松的某个地点（实体存在的地点或虚拟地点）相互联系在一起。这种团体中的很多人是依靠共同的理想结合在一起的。创造者们对他们从事的创造活动以及具体的创造方式充满热情，而且通常有一种传播其观点和想法的冲动。一年一度的制汇节就是创造者们相互联系和交流的盛会，虽然有一点炫耀的成分在里面，但他们参会的目的却远远不止于此。

有时候，创造者之间会有一种很强的纽带，能把过去和未来的创造者联系在一起。领导者通过分享他们的经历和故事得以使创造者的传统源远流长，同时吸引新的成员。创造者们拥有让世界变得更美好的技能，但他们自己却对此一无所知。他们只是做了他们感兴趣的事情，但领导者将知道如何利用这种创造本能来驱动变革。

共同的爱好和激情是流散群体的一大特征，创造本能将点燃这种激情，并通过社会媒体被放大。但是，当草根创新打破了传统模式时，传统组织可能会有点不知所措。比如，曼妥思和可口可乐都曾扬言要起诉那些误用其产品的艺术家，他们把曼妥思糖加到健怡可乐里，并通过产生的大量气泡来进行他们的艺术表现。但没过多久，两家公司都发现诉讼胜算概率很小，而且可能会引起消费者反感。于是，它们不但打消了诉讼的念头，而且还决定赞助这些艺术家。创造家们能从使用其产品或服务的消费者身上学到一些东西，不过，最让他们受益匪浅的是鼓励消费者以创新的方式，也就是生产商们想象不到的方式去使用产品。

像我父亲那种单打独斗型的创造者正在通过制汇节这种活动慢慢向网络型创造者进行转变。创造者都喜欢炫耀和显摆。Instructables 网站为创造者相互交流和分享提供了平台。其主页的标语就是“全球最大的炫酷平台”。有关创造者的信息会迅速在该群体中传播。产品会被转化成故事，而这些传奇故事将会像病毒一样在创造者的博客和其他媒体中广泛传播。

创造者将创造共享空间

如何在不影响组织竞争力的前提下与他人分享或给予是领导者要面临的一大困境，这一点我将在第十章详细阐述。你不一定要在竞争对手有所损失的情况下才能取胜。开源逻辑告诉我们，与别人分享好的想法可能是非常明智的做法，因为你很有可能因此获得更好的想法。这种逻辑可能让很多领导者难以接受，但会利用创造本能的人比那些受雇于大公司、创造本能被压抑的人更容易理解这个理念。通过在自己的兴趣爱好中积累经验和向他人学习，创客们很容易解决工作中的各种问题，满足各种需求。总之，创客都喜欢给予和分享。

例如，2008 年制汇节上，来自 Team FredNet 的吉米·史密斯（Jimmd Smith）谈到了谷歌赞助的探月大奖赛（Lunar X Prize），哪个团队能把无人探测器送上月球，就能赢得这个奖项。FredNet 团队的成员相互合作，共同分享，连竞争对手也不除外。于是一种新的方式诞生了——竞争对手把各自拥有的资源汇集在一起，以便通过大家的合力实现把探测器送上月球这个疯狂的目标。这种方式严重挑战了传统的竞争关系。有人竟然会向自己的竞争对手透露信息？没错，为了共同赢得这个奖项，竞争对手相互之间愿意分享和合作，但即便如此，他们之间的竞争依然存在。

一提起公司的研发部，人们都会联想到公司内部的大型实验室，认为消费者使用的很多产品都是从这里出去的。但在未来，无论在发达国家还是发展中国家，创新可能更多地来自人们的后院、地下室以及厨房。在这种趋势下，公司主导的创新将逐渐被创客主导的草根创新所取代。当然，公司的研发部还将继续存在，但会变得越来越开放。例如，一家T恤制造商Threadless举办了一场服装设计大赛。竞赛中，消费者相互竞争，并对不同的设计进行投票。最后，得票最高的设计会被正式投产。这种模式看似有点极端，但它却预示了未来变革的方向。未来，创客将成为产品创新的源泉。

创客以及战争工具

20世纪70年代初，我刚开始我的预测家生涯时，很多前沿的信息技术都是在美国国防部设立的高级研究项目局（ARPA）内部进行研发的。该局创建了因特网的前身——ARPAnet。后来，最初用于军事用途的一些创新逐渐转为民用。在我过去35年的职业生涯里，这种模式一直保留着。而现在，先进的工具很多都来自日常电子产品、电脑游戏以及民间的创客，甚至连有些用于战争的工具也是创客们用日常用品改造而来的。例如，很多叛乱事件中使用的先进的炸弹都是利用日常电子产品和手机技术制作的，而不是用国防部门高深、尖端的技术研发的。具有创造本能的叛乱分子无处不在。创造本能既有正面效应，也有负面效应。在力量不对称的战事中，创新通常是自下而上的，其源泉就是以破坏为目的的创造本能。敌人及其潜在同谋可能随时随地同流合污。恐怖分子网络一般都组织严密，他们知道如何制造武器。一般来说，危险的暴乱分子通常都有很强的创造本能，而且很可能会越来越强。现在，工具的易获取性不论对好人还是坏人都在不断改善，而且有时很难判断某些人到底是好人还是坏人。虽然现在诸如制汇节等积极向上的活动越来越多，创客也不一定都是好人，他们可能是小偷、暴徒或者杀人犯。

市场中的创客

全球气候灾难以及脆弱的生态系统依然是未来十年人们关注的焦点。与此同时，新一代的创客正在崛起。受20世纪六七十年代第一波生态系统思潮的影响，学校加大了对学生进行环境教育的力度。于是，新一代的创客通常都比较重视生态环境，有意识地对一些东西进行再造、再利用，以便减少对环境的破坏。从一定意义上说，对新一代的创客而言，再造可能比创造本身还重要。他们会相互之间交换产品和服务，并由此催生出相应的市场。

Etsy. com 就是供创客买卖交易的一个网络平台。SwapThing. com 和 eBay 有点类似，不过是为了方便大家相互交换，而不是买东西。这两个网站都从一个侧面反映了新一代创客的环保意识：他们愿意尽可能地对东西循环利用，通过对现有东西进行改造来实现新用途，从而减少消耗。他们的这种做法告诉我们，当某种需求产生时，我们不光可以通过购买某种东西来满足这种需求，还可以通过改造已有物品等其他途径来解决。这种强烈的环保意识将催生一种自下而上的创客经济，创客们对大公司的某些做法持保留意见。目前，创客活动已经很注重环保了，今后，肯定会更加重视，因为人们需要绿色能源，而公司是由人组成的，所以这些创客很有可能在大公司以及社区中推动这种转变。他们会相互交换、构建新事物，同时对旧事物进行重构。

美食网中的创客

美食一直是彰显创造本能的一种有趣的媒介。最好的厨房都是给创客设计的，处处体现着优雅和独创性。在生活节奏紧张的未来，虽然人们很想为自己和家人准备可口的食物，却很可能因为没有时间而放弃。这时候，如果食物零售商能够作出回应，为人们提供需要进行简单烹饪加工的半成品，就能达到两全其美的效果：既让人们产生一种心理的满足感，又不会占用太多时间。

TCHO 是一家位于旧金山的高科技巧克力制造公司，由一帮 Wired 杂志的前员工创办。这家公司把巧克力视为一种独特的媒介，为客户提供多样化的定制服务。客户可以亲身参与到创造他们需要的巧克力的过程之中，但不必亲自动手来制作这些巧克力。从该公司网站的主页上，我们可以看到TCHO的创造本能是如何发挥作用的。创客通常会对某个事情特别专注，顾客可以因此受益，这一点从TCHO的经营理念就可见一斑：

· TCHO是技术与巧克力的碰撞，硅谷创业企业与旧金山美食文化的结合。

· TCHO体现了一种独特创新的方法，帮你找到你最爱的那款巧克力。

· TCHO是一家锐意进取的高科技企业，其设备主要来自改造和翻修老旧巧克力制造设备，同时融合目前最先进的流程控制、信息和通信等方面的技术。

· TCHO的社会使命就是通过向农民传授有关如何种植和发酵可可豆方面的知识来帮助他们成为优质产品生产者。

· TCHO通过在网站上发布"限量版"和"Beta版"巧克力活动，鼓励客户参与到巧克力的生产过程中去。

· TCHO创造了"分享"巧克力的新潮流。

上述这些理念都反映了目前正在兴起的创客文化，而且这种文化正在逐渐转变为一种成熟的商业模式。上面这些理念体现了创造本能、领导风格和专业经验等各个方面，其实也就是具有创客精神的领导力。我衷心希望有更多类似的企业出现，以便让更多的创客在体验美食的过程中尽情发挥他们的创造本能。

轻量生产中的创客

轻量生产将进一步凸显未来创客的重要性。未来十年，桌面生产技术将使我们能够把产品"打印"出来，就像我们现在用墨在纸张上打印一样。例如，一位芝加哥的主厨哈马罗·坎图（Hamaro Cantu）就为顾客提供可食用的菜单，这样顾客在点菜前就能先尝尝菜肴的味道。为了做到这一点，坎图采用了特殊的味道打印技术，把秘制的水果、肉、鱼和蔬菜混合物以一种独特的方式打印在纸上，供顾客试吃（见图5）。

图5　主厨哈马罗·坎图

图片来源：已获得 Cantu Designs 公司使用许可。

“你可以制造一台特殊的‘喷墨打印机’，这样你就可以想做什么就做什么了。”坎图说。他希望他的想法能够受到大众媒体的追捧。“设想一下这样的场景：你正在翻看一本杂志，看到一个比萨广告。你想知道这个比萨是什么味道，于是，你就把这一页撕下来，然后尝尝看。”坎图继续说道。现在，他已经就这项技术申请了专利，正在想办法进一步改善打印原料的味道。

坎图是一个多才多艺的创客，既精通信息技术，又有精湛的厨艺。最近，他带着他发明的可食用菜单参加了我们在伦敦举办的一个研讨会。我们都尝到了他的菜单，虽然不能代替午餐，但菜单的味道确实不错。他还向大家展示了另外一项绝活：只要使用合适的打印机，就能通过网络把顾客订购的寿司送到他的手中。可想而知，新一代的创客将有一套全新的烹饪工具，用这些工具能做出什么样的菜肴就要靠我们想象了，有的菜肴可能是我们现在完全无法想象的。桌面生产技术使得我们可以把美食、3D 物品或其他我们现在无法想象的产品“打印”出来。如果现在已经可以把寿司打印出来，通过网络送到顾客手中，创客们接下来会有什么新花样呢？坎图现在正在钻研 3D 美食打印技术。

拥有强烈创造本能的领导者

《创新》及制汇节创始人戴尔·多尔蒂（Dale Dougherty）本人就是拥有强烈创造本能的领导者。通过举办制汇节活动，他为大家提供了一个与其他创客相互交流的机会。他把这个活动称作“由世界人民主导且为世界人民所办的活动。它不像研究机构，也不像展示其产品的公司。说白了，它就是一群创客汇集在一起，告诉大家：看，这就是我发明的东西！”（如图 6 所示）不过，大型公司也在这个活动中有一席之地。比如，他们通常会赞助活动的某块场地，让那些对公司生产的标准化产品进行改造的创客们进行展示。“黑客”这个词以前都带有贬义，但创客们正在赋予它新的含义。生产商生产产品，但创客们却赋予它们新的生命，有时，甚至能完全改变产品原本的用途，所以，如果生产商识时务的话，就应该多听听这些草根创客的创意点子。不过，即使生产商不接受这些点子，创客们依然不会停止他们对产品的改造和创新。

诸如 TechShop 之类的实体店将和 Instructables 之类的网站联合，产生一种强有力的新兴混合媒体，大力宣扬创客文化。

凭借其创造本能、领导力和与他人分享的欲望，多尔蒂创建了闻名遐迩的制汇节。我希望，随着创造本能所宣扬的 DIY 文化在各地的传播，能有更多类似于制汇节这样的活动不断涌现。

图 6　制汇节海报

图片来源：已获得 O'Reilly Media，Inc. 公司使用许可。

本章小结

拥有强烈创造本能的领导者能够把工作和爱好结合在一起。未来的领导者需要唤醒自己和他人心中的创客精神，一起创造未来。虽然，创客们有时也不知道问题的答案，但他们一直都在尝试。通常来说，创客们更关注创造的过程，而不是最终创造出来的结果。对很多创客来说，他们甚至不想得出最终结果，因为这意味着创造过程马上要结束了。

在面对不确定性时，创造本能能释放出巨大的能量。当领导者面临巨大压力快要崩溃时，他们就会变得被动。与其紧握双手、畏缩不前，还不如伸出双手、大胆创造，因为领导活动本身其实就是创造。

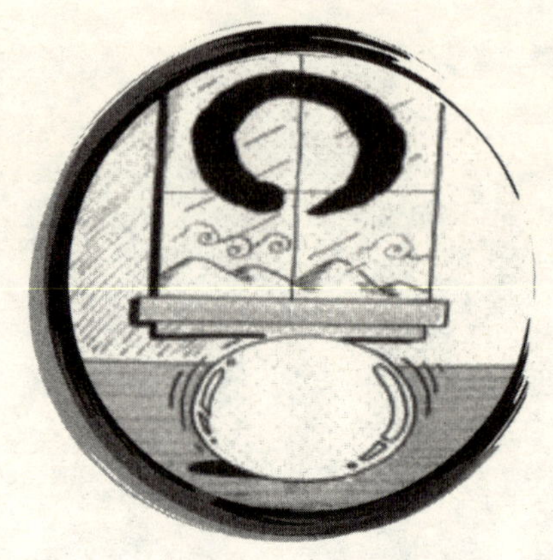

第二章
清　晰

清晰（Clarity）是指透过纷扰复杂的现实，预见未来的能力。领导者必须清楚他们要创造什么，但如何创造却要灵活处理。

2007年12月17日，我坐在从旧金山（途经伦敦）飞往米兰的飞机上，漫长的24小时的旅途马上就要结束了。降落前，空乘人员请我把我的笔记本电脑收起来，于是我把电脑放在了前排座位下面，竖着靠在坐椅腿上。其实，我平时并没有这样的习惯，可能因为旅途劳顿，脑子当时有点不听使唤了。当飞机降落在米兰机场后，我因为急着下飞机，就把电脑落在飞机上了。直到晚上到酒店，收拾行李时，我才发现电脑不见了。真是晴天霹雳啊！不过，我当时还心存侥幸地认为，我很快就能把它找回来。我住的酒店很不错，接待我的那个服务员非常细心周到，让我觉得什么事他都能搞定。当天晚上，我睡了个好觉，梦想着第二天一大早服务员就能把我的电脑送到我房间来："您好，先生，打扰了，这是您的电脑。"服务员边说边把装着手提电脑的四季酒店的大信封交给我。

可惜，事实证明，我没有这么好的运气。我一直在打希思罗机场失物招领处的电话，等待他们的回复。终于，22 天后，我联系上失物招领处一位可爱的女士，她答应帮我再看最后一眼，在我的想象中，她那边肯定有一大堆遗失的物品，她要在这一堆物品中再帮我看看有没有我的电脑。等她回到电话旁时，她说她找到了一个白色苹果电脑，问我知不知道我的电脑的序列号？要命的是，我不知道，但我给她详细描述了一下我电脑上贴着的很多五颜六色的贴画，都是在最近某次未来研究院的活动上贴的。“你真幸运，这台电脑应该就是你的！”她说。两天后，我的电脑完好无损地到了我手上。看来，我的确非常幸运。

当生活变得支离破碎、毫无头绪时，常规会让我们变得清晰。所以，如果我的常规被打破了，我的脑袋也就变得不再清晰。面临压力时，原本清晰的东西也会很快模糊。只有当领导者明确知道他们目前的状况，才能创造未来，所以他们需要一些标准实践或做法作为创造未来的基础。清晰非常重要，因为变化、不确定性、复杂性和模糊性会导致混乱。而当人们变得混乱时——就像我在下飞机前所处的状态——他们就异常渴望清晰，即使根本没有清晰可言。常规，只要不过于僵硬，就能帮助我们清晰地管理混乱的状况。在关乎大方向的问题上，我们需要清晰，而对于细节，我们需要的是灵活。

清晰对公司和个人都很重要。英国航空有机会通过帮我找到遗失的电脑，而强化我们之间的关系。实际上，帮我找到电脑对英国航空来说并不太困难，因为他们知道我坐的位置，应该可以根据发现电脑的位置推断出是我遗失了电脑。但不幸的是，我刚开始接触的那几个英国航空的员工对他们和我的客户关系并不清晰。遗失的电脑本可以成为英国航空与客户加深感情的机会，因为我的确需要他们的帮助，而且鉴于我之前乘坐英国航空的经历，我内心本来就比较倾向于它。我觉得英国航空应该明确一个处理遗失物品的流程，并训练员工尽力把遗失物品归还给失主。也许它们已经有这方面的规定了，但我没有享受到。在我看来，他们并不想因为我遗失的电脑而劳神费力。很多航空公司似乎都把乘客遗失的行李当做负担，而不是与客户建立感情的机会。遗失的电脑对于航空公司来说可能是一个负担，但对于失主来说却非常重要。

与英国航空相比，位于西雅图的塞弗科体育场在归还遗失物品方面做得要好得多。虽然，该体育场的面积比一个飞机大很多，但其遗失物品返还率高达80%。塞弗科体育场的员工发现，当他们向失主返还遗失物品时，他们先是很惊讶，然后就会变成忠实顾客。这两个例子都表明，遗失物品对于一个公司来说，既可以是负担，也可以是建立稳固的客户关系的良机。

如上描述的这种清晰对公司和领导者来说都非常关键。虽然，清晰一直都是卓越领导力的特质之一，但充满变化、不确定性、复杂性和模糊性的未来世界将赋予清晰新的重要意义。实际上，未来世界必定会缺乏清晰，因为它充满变化、不确定性、复杂性和模糊性，但即便如此，人们还是非常渴望清晰。例如，布什政府进攻伊拉克的原因本来很清晰，但他们对于大规模杀伤性武器的判断却不太准确。虽然，布什总统当时的决定备受争议，而且事后证明并不明智，但他还是成功连任，因为选民觉得布什目标清晰明确、非常果断，而他的竞争对手约翰·克里却没有表现出这些优点。对于选民来说，是否清晰、明确似乎比是否正确更加重要。

确定性是指明确知道某事，它和清晰有点类似，但并不相同，具体区别如下：

- 清晰包括对于其他观点的好奇，但确定性不包括。
- 清晰包括知道自身知识的盲区，但确定性不包括。
- 清晰通过叙述和故事来体现，而确定性却通过规则来体现。
- 清晰富有弹性，而确定性却脆弱易碎。

未来，人们对确定性和清晰的渴望必定会越来越强烈。政客们将面临不小的挑战，他们要在面对复杂状况和公众要求清晰的情况下，保持清晰和准确。有些情况的确没有清晰可言，但政客却不能这么说。当人们困惑时，他们就会特别看重清晰，即使它是错误的。与清晰相比，确定性会让人们感觉更好，因为有了确定性，就不会再有困惑。短期内，政客们会因为确定性而受到嘉奖，即使长期看来，这种确定性是错误的。在布什决定进攻伊拉克时，我看到的，更多是确定性，而不是清晰。

在CCL的领导力发展项目中，清晰是领导者实现愿景和目标的一个重要步骤，而且，它最终将引出方向，个体的清晰将带来组织的清晰。

1987年，CCL做了一个有关创新的评估，采访了120位研发科学家，以便发掘能帮助人们激发创造力的特质。通过这项研究，CCL总结出了Diamond模型，现在，CCL经常用这个模型来指导其工作。目标的清晰明确，或者说清晰明确的目标就位于这个模型中央（见图7）。该模型解释了“组织的长期目标、清晰且被大家接受的愿景、短期目标以及期望员工采取的行为”。用于支持目标的清晰明确性的其他属性包括：组织鼓励、挑战、工作小组支持和自由。结论是：当这四者结合时，工作绩效最好。

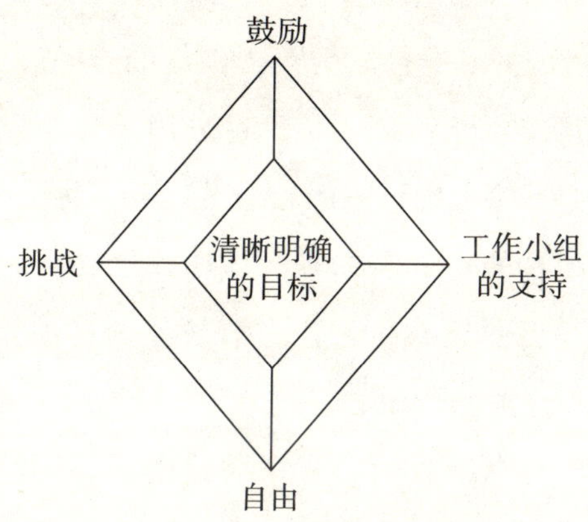

图7　创造力与创新钻石模型

图片来源：CCL。

对清晰的定义

领导力中的清晰是指：

· 在纷扰复杂的现实中理清头绪的能力。

· 将事物或情况尽可能变得清晰明确，并向他人传达这种清晰和明确性的能力（换句话说，就是让事物或情况变得清晰明确，但不简单肤浅的能力）。

· 预见他人无法预见的未来的能力。

· 在困惑和混乱中，找到方向的能力。

· 在困难中看到希望的能力。

随着变化、不确定性、复杂性和模糊性的增加，越来越多的人希望自己在领导的带领下，走出混乱和无序，而且很多人会因为困惑而渴望清晰。因此，在未来世界，清晰将成为卓越领导力的首要前提。随着世界变得越来越令人迷惑不解，清晰将变得越来越难得，而错误的清晰必定会越来越多。

杰出的领导者善于观察、感知和倾听，他们通过多种渠道使自己变得清晰。毫无疑问，未来将充满矛盾和分歧，但清晰的领导者能够在一切都不明朗的情况下，透过这些矛盾和分歧，分辨出前进的方向。

为了解决复杂问题，领导者必须避免过分简单化。未来领导者将要面临的一大困境就是如何在不给人们错误的希望的同时，为他们指明清晰的方向。

清晰要求你具备内在的力量和原则，即使你已经筋疲力尽了。同时，清晰要求自知，所以领导者要反省自身，想清楚什么对他们最重要。在你担心或不安时，要做到这一点非常困难。

最近，在为一次旅行做准备时，我发现自己非常担心自身安全，内心十分害怕这次旅行，因为目的地比较危险。我的一个朋友告诉我，每当我担心时，我应该让自己多想想此行的目的，而不是可能发生的意外。我做了所有可能做的准备，采取了所有合理的安全防范措施，然后又想了想此行的目的。我为什么要去？我对此行要完成的使命的确非常感兴趣，但当我感到担心和恐惧时，原本清晰的东西就开始变得模糊。我们每个人都需要用自己的方式去增强内心的清晰感，平息担心和恐惧。

内在的目的是清晰的一个重要组成部分，但光有这个还不够，必须把清晰传达给其他人。某个领导者所认为的清晰可能会让他人难以接受，甚至可能产生严重分歧。

清晰还需要外部鼓励。领导者必须清晰地表达他们的想法以鼓舞其他人跟随，还必须对未来充满信心和热情，以吸引大家一起憧憬和创造未来。

在未来充满变化、不确定性、复杂性和模糊性的世界，清晰还需要灵活性。卓越的领导者不光要有清晰明确的长期目标，还要灵活处理实现目标的方式。清晰为创造力的发挥设定了一定限制，就像爵士乐，演唱者可以创造性地进行即兴发挥，但必须在曲子的基调范围内进行。

多年前，我和家人去爱达荷州萨蒙河支流——中福克河漂流。当时，导游告诉我们，漂流时应该把注意力放在湍急的水流而不是我们想避开的岩石上。同时，我还发现划船这个动作本身会提供稳定性，带来一些方向感。如果你处于湍急的河流中，你必须知道你要去哪，然后，不管发生什么都拼命划船。

在商业环境中，清晰是指明确陈述你的战略，或战略意图。战略确定了前进的方向以及如何到达目标的方式。战略大师哈默尔和普拉哈拉德把战略意图描述为"一个远大而吸引人的梦想，而且这个梦想可以不断给人提供实现它所需要的情感和智力支持"。此外，他们认为，一个有效的战略意图不光要指明方向，还能给人们带来发现的快感和使命感。

哥伦比亚商学院教授威利·皮特森（Willie Pietersen）曾经担任过公司CEO，他在谈到制胜主张（Winning Proposition）这个概念时经常强调清晰：一个公司要在哪些方面比竞争对手做得好才能给客户提供价值，同时保证良好的赢利？他说："如果战略就是要取得成功，那我们必须明确成功的方式。在商业环境中，成功意味着在以下两个方面胜出：为客户提供更大价值，以及为公司和股东创造更多利润。"他认为，制胜主张必须简洁、清晰。

而且，制胜主张不光要清晰，还要鼓舞人心。最好的制胜主张不但能清晰地陈述未来的战略意图，而且能让组织中的每个人不断超越自己，为实现期望的未来而不懈努力。制胜主张让人们能够以灵活的方式追求梦想。下面是四家知名公司的名言，请大家在阅读时考虑一下这些陈述中体现出来的清晰。

全球知名品牌广告公司奥美："注重品牌的公司之首选。"

西南航空："航班准时、价格低廉、好玩有趣。"

快消品行业巨头宝洁："帮助现在及未来所有消费者改善生活。"

农业科技公司先正达："为植物带来生命。"（见图8）

图8　先正达的制胜主张

图片来源：已获得先正达公司使用许可。

上述四家公司都是其所在行业的佼佼者，每家都有清晰明确的未来发展方向。制胜主张不一定能保证企业成功，但却让企业为未来可能面临的不确定性做好了准备。即使在充满变化、不确定性、复杂性和模糊性的未来，这些公司也知道它们的目标，而且对实现目标的方式保持开放和灵活的态度。

清晰面临的挑战

在我看来，未来十年比我以往预测过的任何"未来"都要复杂，其中牵涉的变量非常多，而且很多在全球范围内都会产生重要影响。绝对的清晰几乎不太可能，尤其是在未来十年，但领导者可以自己选择清晰度的高低。

纳瑟·根米（Nassir Ghaemi）是美国塔夫茨大学教授、学校医学中心情感障碍和精神病药理学项目的主任。他的新书揭示，情感障碍可能可以帮助人们在充满变化、不确定性、复杂性和模糊性的时期找到领导力中的清晰。“在正常时期，风平浪静，人们只需直线航行，这时候，心理正常的人可以像政治领导者一样表现正常。但在危机和混乱时刻，那些心理不正常，甚至患有心理疾病的人反而成为了伟大的领导者……稍微有点抑郁倾向的人反而能看得更清楚些。”

关于丘吉尔，根米这样说道：“抑郁的领导者能够更清晰、实际地看待周围发生的事件，这是理智、正常的人所缺乏的。”

在充满变化、不确定性、复杂性和模糊性的世界，创造未来要求领导者具备重构的能力以及在他人之前预见未来的能力。在动荡时期，一切正常可能就变成了一个劣势，因为这时候领导者需要拥抱混乱，所以对混乱比较熟悉的人可能就多了一个优势。

群体内外的清晰

清晰不是绝对的，它会根据你的观点不断变化。很多东西在一个群体中看是非常清晰的，因为群体中各成员拥有共同的价值观和相似的世界观。但对于群体外的局外人来说，这个群体可能不易理解，甚至可能有点可怕，因为这种群体一般都只关注群体内部。这时候，局外人倾向于过分简单化，而这正是形成成见的第一步。

成见虽然清晰，但却是错误的，它过于简单地给人或群体贴上了标签。成见代表了一种幻觉，而且这种幻觉很可能导致严重误解，使持有成见的一方和被误解的一方疏远不和。

不同的群体拥有不同的社会身份。社会身份在理解领导力和清晰时至关重要，因为它影响着我们领导的方式、我们回应他人的方式以及他人回应我们的方式。社会身份理论告诉我们，我们经常会下意识地使用社会身份把人分成不同的群体。对于某些群体，我们会更有认同感，同时，我们还会把自己认同或归属的群体与其他群体进行比较。

当然，身份很少一成不变，实际上，身份反映了我们面临的不同选择和情况。通常来说，理解社会身份的第一步就是先理解我们自己的身份。CCL认为身份由三个重要因素组成：先天身份，如出生地或年龄；自选身份，如职业或兴趣；以及核心身份，也就是你与众不同的特质。通过这种方法，CCL使领导者增强了他们对于自身及他人社会身份的认知和理解，同时学会如何在面临各种社会差别时进行有效领导。

CCL高级企业合伙人凯利·汉纳姆（Kelly Hannum）总结道："这么做的初衷并不是要消除差异，而是如何在接受和尊重差异的情况下有效工作。个体可以保持他们的群体身份，同时欣赏来自其他群体的个体所作的贡献。这方面做得越好，对整个组织就越有利。"

有些群体自认为与世界上的其他所有群体都截然不同，有些非常排外，不想与外界有任何接触，还有些可能只希望自己群体内部清晰。

我希望能在未来十年看到更多拥有强大力量的群体。不过，在由众多不同、有时相互竞争的群体组成的复杂世界中，清晰将变得难以捉摸。

战场上的清晰

"9·11"事件后，我在美国陆军军事学院和西点军校组织了一系列针对公司高管、非营利机构管理人员以及军队领导者的研讨会，研讨会的目的是为了比较不同领域对待战略和领导力的方法。正是在美国陆军军事学院，我学会了战争时期的清晰，行话叫做"指挥官意图（也称作指挥官作战企划）"。

指挥官意图描述了期望的最终状态，它简练地表达了行动的目标，而且该目标必须被指挥官之下的两级所理解……它是所有下属分支唯一一个统一点……其目的就是让所有人都聚焦到期望的最终状态上。

指挥官的意图要求领导者必须清楚期望的最终状态是什么，同时在战士们如何达到这个目标的问题上，要非常灵活。

看过纪录片《航空母舰》（Carrier）的观众可能会对"指挥官意图"有更

深入的理解。该片讲述了一群生活在一艘巨型航母上的人的故事，向观众展示了这群原本不太本分、在陆地上不太可能找到工作的问题青年如何在航母上发生了转变，开始勇敢接受他们面临的挑战。军人都特别讲究原则，他们有所谓的指挥官意图，当然意图本身会根据任务作相应调整。在意图的框架内，个体成员可以随意发挥，就像航母上的这群年轻人一样。从个体层面来说，生活在航母上可以给大家自由和灵活的空间，而从整个群体的角度来看，他们清晰明确，向着目标前进。

刚开始，指挥官意图这个军事概念让我有点迷惑不解，它不同于命令和控制。现代军队中，虽然还有层级，但已经不依靠命令和控制来进行管理了，因为在充满变化、不确定性、复杂性和模糊性的环境里，没有人能够真正控制什么。指挥官意图只是指明了方向和期望的最终状态。

在充满变化、不确定性、复杂性和模糊性的世界，我对领导者有如下建议：目标要非常明确，但达成目标的方式可以很灵活。

食品安全中的清晰

我在未来研究院的同事琳·杰弗瑞（Lyn Jeffery）是一位文化人类学家，在中国做过多年研究。由于对中国文化和中国目前的情况和做法非常感兴趣，她一直在用未来的眼光观察中国人。她常常会想这样一个问题，这些实践和做法反映出了中国面临的哪些威胁和机会？

几年前，她在研究中国家庭时发现了一个有趣的现象：很多中国人不再喜欢在菜市场买那种露天摆出来的菜，而开始买用塑料袋包装的蔬菜。作为一个优秀的人类学家，她的敏感让她注意到了这个现象，而且她很想知道这些消费者为什么改变了他们的消费行为。通过调查，她发现这些农村地区的家庭越来越注重食品安全，觉得菜市场的蔬菜质量不太可靠。他们不知道国家在食品质量方面是否采取了相应的举措，也不知道举措是否有效。他们以为，用塑料袋包装的食品比未包装的食品更安全。

这项研究表明人们对于食品安全问题越来越重视，尤其是产自中国的食品。越来越多的人想知道他们吃的食物来自何方；是怎么种植的；在购买之前，这些食物还经过哪些其他的程序或处理。在食品安全方面，人们希望透明，这样他们才能放心，确信他们每天吃的食物至少是安全的。在食品领域，透明就是清晰。

过去，在为食品打造品牌时，人们特别注重食品的外观、感觉和味道。是不是看上去很诱人？看上去是不是成熟了？味道是不是够好？长大后，我们都学会了如何对这些问题作出选择，虽然不同的文化对于“什么样的食品好”具有不同的评判标准。

现在，这方面的风险似乎更高了。我们如何才能从众多可疑的食品中挑出安全的食品？食品生产商必须让消费者确信他们提供的食品是安全的。

清晰度极高的领导者

领导力清晰度并不是一个新名词，但在未来环境中，要做到清晰会越来越困难。马丁·路德·金（Martin Luther King）在清晰方面就做得非常出色，而且他的例子在今天看来依然具有很重要的指导意义。他在清晰地描绘未来方面非常在行。

我和马丁·路德·金曾在同一所神学院就读，当他在1968年被暗杀时，我还没毕业。为了纪念他，学院专门设置了一门课，由学院基督教伦理学教授肯·史密斯主讲，他曾是马丁·路德·金的导师。幸运的是，我当时正好是史密斯教授的学生。

马丁·路德·金在其整体领导方向上非常清晰明确，但在具体策略上却相当灵活。他主要关注人类的正义问题，哪里有此类问题出现，哪里就有他的身影。虽然，马丁·路德·金主要以其在民权方面的工作闻名于世，但对于那些他认为与民权有关的问题，比如越南战争以及第一次地球日引发的生态运动，他也很关心。很多人说马丁·路德·金应该把精力完全集中在民权问题上。在他被暗杀前的那次演讲——《我已达至峰顶》（I've been to the mountaintop）中，他谈到了那个愿景。

他的愿景对于追随者来说非常清晰，但随着民权运动的发展及其他社会问题的出现，他处理问题的策略，以及对待各种挑战和机遇的态度也发生了很大的变化。

诺贝尔奖得主穆罕默德·尤努斯（Muhammad Yunus）是当代一位关注社会正义的领导者。他制定了一些微原则和实践来帮助贫穷的人们自助。他采用的方法不但本土化、个性化，而且还和当地社区紧密结合。他的主要模式是微额贷款，让那些没什么资源的人通过借贷来做点小生意，这样就能慢慢变成良性循环：通过生意挣点钱，然后再投资让生意变大、赢利，并最终有能力偿还贷款。他主要做小额贷款，而且主要对象是当地社区的妇女。

在谈到社会正义时，尤努斯说："今后，我们的孙辈只能在博物馆才能看到什么是贫穷。"

本章小结

在充满变化、不确定性、复杂性和模糊性的世界里，领导者必须清晰才能成功。卓越的领导者将理解人们为什么渴望简单的答案，但他们自己不会落入过度简单化的陷阱。领导者必须在寻求确定性的同时，变得更加清晰。明眼的领导者偶尔可能会有无助的感觉，但他们不会束手就擒，而会拨开迷雾，立志扭转局面。未来，领导者肯定会面临很多变化、不确定性、复杂性和模糊性，而且很有可能会暂时迷失方向，但他们必须牢记，在创造未来的过程中，一定要始终保持清晰。

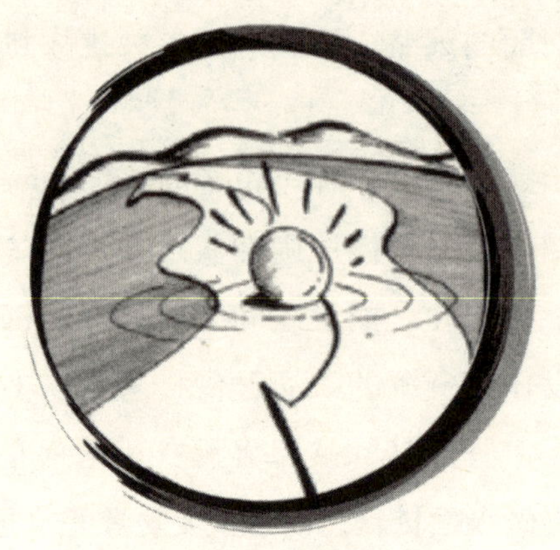

第三章
扭转困境

扭转困境指的是将困境转变为优势和机遇的能力。

要想检验一个人的智力水平是否一流，可以让他在头脑中同时持有两个对立的想法，看看他的大脑是否还能正常运转。人们应该在情况令人绝望时，还能坚定地立志去扭转局面。

——弗·司各特·菲茨杰拉德（F·Scott Fitzgerld）

未来，在头脑中同时持有两个对立的想法非常重要，比 1936 年菲茨杰拉德说上面这段话时还要重要。实际上，有时候，对立的想法可能还不止两个，而且每个想法都有一定的道理。

未来的困境将会比现在更让人烦恼，而且也可能更让人感觉无助。领导者必须能够扭转困难局面，并找到隐藏的机会。同时，领导者一定要避免对困境进行过度简单化处理，或假装困境是能够解决的问题。未来世界将充满各种无法解决的问题，因此，扭转困境就是未来领导者成功所必需的一项技能。卓越的领导者将把大部分精力花在处理困境上，当然，未来依然有很多要处理的问题，但这些问题，领导的下属们会去处理。卓越的领导者很少因为解决一个问题而感到满足。

很多人会对充满变化、不确定性、复杂性和模糊性的世界感到沮丧和绝望。当然，我们每个人都会偶尔感觉沮丧和绝望，尤其是当你展望未来十年的时候，但未来的领导者必须牢记：一定要培养扭转困境、将绝望和无助转化为动力和希望的能力。

对于困境，我是这么定义的：困境是一个无法解决且不会自动消失的问题。传统意义上的困境通常是指在两个不好的选项中进行选择，但这个定义有点局限。困境其实常常包含着希望，只不过是隐藏着的希望。

面对困境，领导者的一大挑战就是如何把困境转化成机会。比如，在位于奥兰多的迪斯尼乐园，排队就是一个困境。没人喜欢排队，但迪士尼也不希望因为要解决这个问题而长期停业。为了缓解排队问题，迪士尼做了很多尝试，比如为排队等候的游客放视频短片、告诉他们具体的等待时间，等等。最有趣的一个尝试是帕尔米奇（Pal Mickey）。这只米老鼠专门接待孩子们，它的鼻子上装有一个感应器，能够接收信息，告诉游客哪里的队伍排得比较短。主题公园永远也不能解决排队问题，但它们可以采取措施让游客的体验更好。帕尔米奇就是一个有效的举措。

商业环境中的领导者肯定可以从菲茨杰拉德的名言中找到共鸣。商业环境中，如何平衡全球化和本地化就是一个类似的困境。一方面，产品和服务要标准化，这样才能提高效率和投资回报率；另一方面，未来十年，消费者对产品和服务的个性化需求肯定会越来越强烈。

具备扭转困境的能力的领导者很可能从困境中发现新的市场模式。也许，他们会利用群体的市场力量或参与创客运动，向市场提供旨在被重新设计的产品和服务。不管采用哪种方式，全球规模化和本地定制化之间的竞争依然存在，而且可能催生绝好的机会。

目前，很多家庭都面临这样一个困境：工作和私人生活无法平衡。这不是一个可以解决的问题，只能灵活化解。我的妻子是一名律师，她的工作安排必须以法官的日程为准，自己很少有自主权。我的工作安排虽然相对比较灵活，但很多活动提前几个月就订好了，空闲的时间也并不多。每次我们打算度假时，我们俩中的某个总能提出此次度假计划不能成行的理由，而且是非常合理的理由。这种状况持续了很久我们才发现，这根本不是一个问题，而是一个困境。作为应对，我们每次都退而求其次，在家附近找一个我们都喜欢的地方去度假，当然，这个地方还得随订随得，而不用提前预订。我们放弃了去更远的地方度假，这样我们就能在双方都有时间的空当立马出发去离家近的地方度假。我们一直没能解决这个工作和生活的平衡问题，我们只能尽量在双方力所能及的范围内做到让双方都满意。偶尔，我们会突然得闲，然后就立马安排度假，这反而给我们增添了不少乐趣。

我家面临的另外一个困境是：随着两个孩子渐渐长大，我们发现几乎找不到什么全家都喜欢的活动，甚至连两个孩子都喜欢的活动也找不到。而且随着他们越长越大，这个情况变得越来越糟，所以我们全家出去度假时，很难玩到一块。后来，我们决定分头行动：父母中的一方带一个孩子出去度假。这样一来，找到两人同时喜欢的活动就容易多了，每个人也更开心了。

未来领导者必须学会在充满困境的世界中生存。通常，他们会面临不止两个选择，而且每个选择都不赖。幸好，与传统的“我赢你输”这种问题解决模式不同，困境常常蕴涵着新的机会——创造出双赢局面的机会。

通过总结，我发现未来领导者可能面临的困境具有如下特点：

- 无法解决；
- 反复出现；
- 复杂混乱；
- 具有威胁性；
- 令人迷惑；
- 费解；
- 具有潜在的正面意义。

扭转困境的定义

扭转困境是指把一个无法解决的挑战想象成一个机会，或者威胁与机遇并存的机会。扭转困境的能力是指在面对一个用传统方法无法解决的挑战时，能够拿出可行的对策。不过，我们必须首先区分问题和困境，问题可以解决，而困境无法解决。

图 9 所示的经典的视错觉用形象、可视的方式展现了“困境”这个概念。这个形象既不是鸭子，也不是兔子。实际上，它既可能是鸭子，也可能是兔子，究竟是什么，取决于你看的方式。领导者必须培养自身技能，了解同样一个挑战能够用不同的方式去理解。未来世界充满了不同的可能性，而不是非此即彼。所以，看任何东西的时候，你都可能看到鸭子、兔子、老虎、蛇，或者你不认识、但是确定存在的某个东西。在你翻来覆去看这张图的时候，注意一下你头脑中的反应和感觉，这种感觉是未来领导者必须要学会适应的感觉。

图 9　视错觉

图片来源：ource：http：//en. wikipedia. org/wiki/Optical_illusion。

扭转困境的能力并不是美国领导者都具备的一项特质。前美国国务卿亨利·基辛格（Henry kissinger）曾这样评论道：

你们这些美国人，都是工程师。你们以为世界上的所有问题都可以通过金钱和物质来解决。但你们错了。世界上的所有重大问题其实根本就不是问题。它们其实是困境，无法解决的困境，我们只能想办法在困境中生存。

我觉得基辛格的观点有点过于悲观，因为依我看来，很多困境其实是可以扭转的，不过基辛格处理的都是一些非常棘手的困境。我同意，很多我打过交道的美国领导者都倾向于解决问题：他们先考虑所有可能的解决方案，接着对这些方案进行筛选，最终确定两个，然后从这两个中挑出最好的那个并开始往那个方向努力，就好像他们的表现是按照行动的速度来评估的。

2011 年 8 月 8 日，标准普尔（Standard & Poor's）正式下调美国的信用评级后，美国总统贝拉克·奥巴马（Barack Obama）迅速发表电视讲话，希望重振市场和世界人民的信心。在勾勒了未来的经济形势后，他说："值得庆幸的是，我们的问题都是可以圆满解决的，而且我们知道怎么来解决这些问题。"

领导者必须设定适当的期望。承诺像解决问题一样解决那些不能解决的困境让每个人都困惑不已。我觉得经济不是一个可以解决的问题，但毫无疑问，我们可以改善，甚至可能管理经济。在讲话中，奥巴马总统向人们传达了确定性，承诺大家解决问题，但其实他应该传达清晰的方向，告诉人们政府可以做些什么让经济好转。当然，这对于政客来说也有难度，因为选举他成为总统的大多数人都要求确定性，即使有时候确定性根本不存在。

近年来的经济状况表明，没有谁真正了解世界经济。世界经济其实是一种充满变化、不确定性、复杂性和模糊性的环境，它既不能被解决，也不能被控制。领导者必须认识这一现实，然后找到让经济形势好转的方法，而不是夸大其词，作出一些无法兑现的承诺。

向他人承诺你可以解决一个无法解决的问题或理解一个无法被理解的事物是非常危险的。不过，在很多情况下，即使你不能解决问题，你还是可以找到让事情好转的方法。

扭转困境时，你不再只是紧握双手、忧心忡忡，你开始对困境进行机会分析。虽然，困境通常看起来势不可挡、让人绝望，但其实困境蕴涵着很多机会，只不过有些机会不太容易被发现。

扭转困境也不是什么新鲜概念。看看下面这些格言：这个杯子是半满的还是半空的？当生活给你柠檬时，就做柠檬汁吧。的确，领导力通常都和积极乐观联系在一起，在别人只看到缺陷或不足时，领导者能看到积极的一面。未来，积极的一面会越来越难以发现，但它们依然存在。例如，在网络型组织中，员工希望有参与感，因此，领导者应该创造良好的氛围，让员工体验参与感，并在必要时，体现出强大的领导力。员工对参与感的需求始终存在，但什么时候需要体现领导力会变得越来越难以分辨，而且，在具体实施时，会更难把握。

战略大师罗杰·马丁（Roger Martin）就鼓励领导者培养建设性地看待对立想法之间的冲突的能力。很多新想法都是从冲突中诞生的。马丁在“整合性管理”方面的研究强调了当今卓越的领导者如何在充满变化、不确定性、复杂性和模糊性的世界中制定战略，让很多领导者受益匪浅。

现在，全球性困境随处可见，比如，全球超过90%的人口缺乏食物、饮用水和居所。一方面，政策制定者们在努力增加供应，建造大型改善设施，确保资金充足，强化政策；另一方面，设计师、工程师、建筑师、学者和企业家们在尽力弥补供应与可能性之间的差距。通过与非政府组织合作，个体、机构和设计师们正在积极寻找低成本的解决办法，来扭转世界上大部分人口每天都在面临的困境。他们并没有解决这些问题，但毫无疑问，他们正在改善目前的状况。

在柬埔寨，多个组织，包括技术公司、本田、马萨诸塞州总医院、哈佛医学院以及Internet Village Motoman Network（见图10）一起合作为柬埔寨农村地区的病人提供“远程诊所”，包括一个护士、一辆摩托车、一台太阳能电脑、一个卫星以及一个移动接入点，这样，远在马萨诸塞州波士顿的医生在不在场的情况下，就能通过当地护士的协助给当地的病人看病。现在，这项服务已经覆盖了亚洲其他地区、南美和非洲。这个例子向我们展示了如何扭转边远地区就医难的困境。

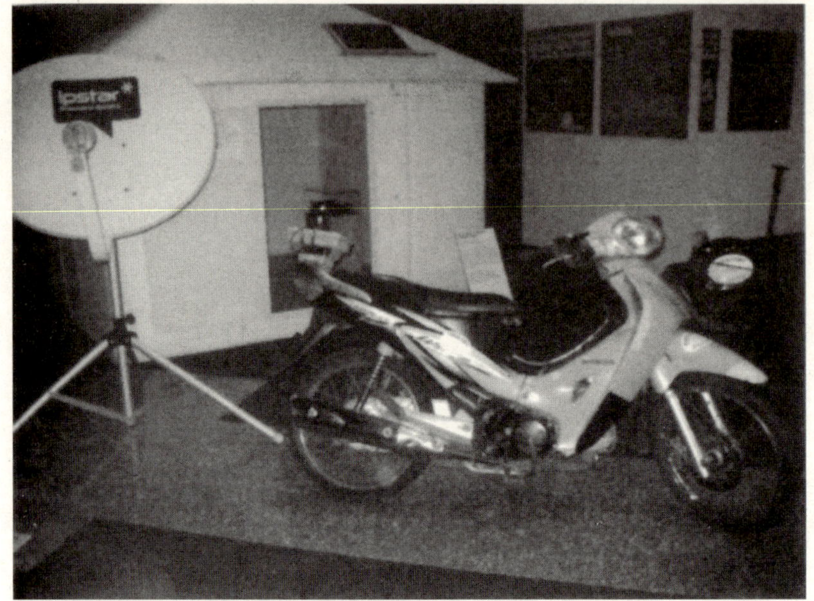

图 10　位于柬埔寨的 Internet Village Motoman Network 公司

图片来源：Flickr User hoyasmeg（ James Emery）。

但是很多人不能容忍特别高的不确定性，他们渴望找到问题的答案，虽然很多时候根本没有什么答案。

未来的困境

如果你看一看本书插页的未来十年预测，你就会发现困境无处不在。想一想以下这些问题：

群体困境

群体是非常复杂的、有生命的社会网络。因为有共同的价值观，群体可以帮助其中的个体从周围世界中找到存在意义，并常常能够为他们提供明确的方向。

大多数领导者都至少从属于一个群体，还有些同时属于多个群体。不过，领导者需要具备跨群体工作的能力。我们大家都需要走出自身所在群体的舒适区。

如果你不属于某个群体，那么与它打交道就会非常棘手，而如果你属于与该群体竞争的另外一个群体，那情况就会更糟糕。有些群体是为了回应某个处于支配地位的群体而组成的。群体内和群体外的人通常具有明显区别，而且有时早加入的对晚加入的不太信任。有些人同时属于多个群体，这些群体相互之间有一些重叠。

群体不光引发困境，其实它们本身就是困境，而且这些困境复杂得让人无法透彻理解。如果你觉得这些困境一成不变，你就大错特错了，相反，它们是动态的。也许，你对某个困境有一定见解，但你永远都无法控制它。群体不能被“解决”，也不会自动消失，它们会随着电子媒体的放大效应，不断扩大其范围和影响力。

比如，公司群体既是威胁，也是机遇。10 年前，在我们的客户中，很多公司都不和离职的员工联系。它们的目标是尽可能长时间地保留员工，但是一旦员工离开，公司就把他们忘得一干二净，就像他们完全消失了一样。对公司来说，流失一个员工成本很高。但这个缺点其实可以转化为优点，因为流失的员工可能成为公司的新客户。

很早之前，麦肯锡等公司就发现了这一机遇。他们发现，咨询顾问离开公司后，非常有可能成为麦肯锡的客户。也就是说，麦肯锡培养的优秀顾问越多，受益于这些优秀顾问且可能成为麦肯锡客户的公司就越多。用一个流失的员工换来一个客户是一笔非常划算的买卖。

现在，很多公司，如苹果和 IBM 都有活跃的前雇员网络。例如，Select-Minds 是一家企业社交网络公司，专门为想要与前雇员以及属于该公司群体的人保持联络的大型公司提供相关服务。当然，对很多公司来说，这种机构既有好的方面，也有不好的方面。即便如此，从长期来看，大多数公司都应该维护公司群体。

战争困境

在充满变化、不确定性、复杂性和模糊性的世界中，战争总是充满困境。虽然战争从来都很残酷，但在未来世界，战争尤其糟糕。

“9·11”事件发生前一周，我正好参观了陆军军事学院。当时，我感觉它和其他文科学院没什么不同，只是恰好学的是军事罢了。可是，“9·11”之后，整个校园变成了军营，学生们都开始把学校称为VUCA大学。

传统战争让问题解决者受益。当一个大国与另一个大国开战，会有非常明确的规则。但在由恐怖分子参与的冲突中，敌人可能是在任何地点、任何时间的任何人，这时候，就没有什么规则可言了。不同的参与者有不同的规则，而且对于什么合适、什么人道也有不同的标准。参与这种战争其实就相当于被卷入困境，绝望感四处弥漫。

未来十年，网络化的战士将通过米姆战争来摧毁社会、经济和政治体系。米姆（Meme）指的是一种流行的、以衍生方式复制传播的互联网文化基因。如果对这种威胁反应过于僵硬，不但保护不了这些体系，反而使它们遭到破坏和削弱。这时候，极具灵活性和复原能力的战略会最为有效。例如，市场要依靠信任，于是，米姆战争会想方设法削弱信任，并散布恐慌情绪。要想把这一困境转化为机会非常困难，但它对市场的破坏却易如反掌。

复原能力的一个重要部分就是能够化困境为机遇的领导者。例如，很多伊拉克人用怀疑的眼光来看待美军士兵，但总有机会把这种怀疑转化为信任，至少从个体的层面上看，这是可能的。

婴儿潮一代面临的困境

未来十年，正当有的人在为生存努力挣扎时，有的人正在想方设法变成“超人”。在这种情况下，对个体和机构来说，新的困境会不断产生。

随着婴儿潮那代人渐渐步入退休年龄，改善健康方面的技术也在不断创新和发展。这代人中，大部分都不想退休。当然，这其中有相当一部分是因为退休后无法生活（见图11），但有的人即使生活不会因退休陷入困境，也不愿退休。

图 11　一份有关婴儿潮一代的人的预测

图片来源：未来研究院。

我希望未来十年能有个词替代“退休”这个词。我觉得“refirement”这个词非常合适，但“redirection”和“regeneration”也能从一定程度上表达出那层意思。很多婴儿潮那代的人似乎把死亡看做是一种选择，而且他们不打算选择“死亡”。这种想法将为那些以追求永生为目的的技术提供巨大的市场。不过这种追求不论多么狂热，注定是徒劳无功的，而且会引发一系列困境：

· 在资源有限的情况下，如何为人们提供最好的医疗服务？只有富人才能活得更长、更舒服吗？

· 在对某些药物有限制的工作场所，应该如何管理能提高人们绩效的药物？在体育界，很多帮助人们提高绩效的药物是违法的，那么在工作场所如何呢？未来十年，人们会研制出新药，能够让大家睡得更少，工作得更久，这种药物应该如何管理呢？领导者应该允许员工服用这类药物吗？是不是有些领导会要求员工服用此类药物呢？

· 领导者如何在不侵犯员工隐私的情况下，鼓励他们健康生活？比如，一个正在崛起的优秀领导者看上去超重了（看上去超重并不意味着他的实际体重不健康，可能影响绩效），光凭这一点，我们能够取消他升职的机会吗？虽然身体健康可以对领导的表现产生积极影响，但这是否意味着领导者必须要具有健康的行为呢？

伪装成困境的问题

如果你够幸运，你肯定经历过这样的情况：有的情况看上去还很像困境，但当你想扭转这个困境时，你发现了一个解决方案。你别指望在未来世界有这么好的运气，但万一你碰上了，就好好享受吧。

例如，我年过八旬的母亲有一次给我打电话，跟我说她家里的吊扇坏了。为了发现问题所在，电扇公司需要知道电扇发动机的序列号。为了找到序列号，我得爬上去，看看电扇顶部印的字。于是，我架起梯子，小心翼翼地爬上去，却发现电扇发动机离屋顶太近了，根本看不清。于是我想方设法把头塞进电扇和屋顶之间的空隙，可我的脸又距离印着序列号的贴条太近了，还是看不清。我当时在想：我应该怎么调整一下头的位置才能看见序列号呢？要用镜子吗？还是把电扇倾斜一下？对我来说，这个难题就像家家户户都可能遇到的日常困境，我绞尽脑汁，尽可能发挥创造力，以便看清序列号。

正想着，我的母亲轻声说道："你能把贴条撕下来吗？"就这样，我的母亲就用她的方式巧妙地解决了这个问题，而我却把它当做一个困境，费了九牛二虎之力也没有解决。

在 VUCA 世界，我们会面临越来越多的困境，也就是 CCL 所称的"动荡"。CCL 董事会主席英加尔·史高格（Ingar Skang）问道，我们应该如何利用"动荡"来创造性地推动变革，并找到扭转困境的方法。为了有效地驾驭变革并把它向好的方向推进，"我们需要灵活、创新的领导风格以便跨越国家和文化界限，促进合作，应对不断变化的环境"。史高格通过研究发现，当我们换个角度看问题的时候，我们遭遇的一些复杂的挑战就"开始瓦解了"。下面就是一些相关技巧：

· 站在不同的位置和角度：把问题倒过来看，就会有不同的看法。

· 从不同的专业领域来看：将自己想象为一个科学家，从一个政策制定者的角度来看待这个困境。

· 问一些尖锐的问题：使自己沉浸在可能以及假设的情境中。

· 学习新知识：与受此困境影响的人打打交道从而理解他们的看法。

· 创建日志：可以帮助你思考这些尖锐的问题，日志既可以是公开的，也可以是私人的。

· 改变节奏：尝试改变处理该困境的速度和节奏。

第二次世界大战时期，有一个问题伪装成困境的例子。当时，法国已被德国占领，盟军正在法国境内攻打德军。乔治·巴顿（George Patton）将军在视察时发现，其部下将领个个都非常沮丧、绝望，因为盟军被德军团团包围了。巴顿看了看当前的局势，说："可怜的德国杂种，他们又把我们包围了。"他之所以这样说，是因为德军包围盟军，势必会削弱德军在每个点上的兵力，这样盟军就可能找到突破点，化劣势为优势。他不光看到敌人强在哪里，他也看到了自己的将领弱在哪里：他们的思维太局限了。他们认为当时的局势令人绝望，但巴顿将军却把它看做是新的进攻机会。通过换个角度看问题，巴顿将军扭转了当时面临的困境。当然，他并没有因此立即赢得战争（他并没有解决第二次世界大战问题），但他确实改变了战局，改善了盟军的处境。被敌人团团包围并不可怕，可怕的是你原地不动。

扭转困境是一项日常技能，我们可以从现在开始不断练习，以便为将来做准备。不幸的是，未来的很多困境都不能转化成可以解决的问题，就像要在吊扇上看清序列号，但即便如此，我们还是能够通过努力让情况得到改善。

当某个情况的各个方面都很明朗，问题也确实可以解决时，我们当然可以解决问题。但很多未来领导者要面临的情况不但不明朗、不可预测，而且还充满快速的变化。

扭转困境的领导者

2000年，在上任宝洁CEO后不久，拉夫雷（A. G. Lafley）造访了未来研究院，并表达了他的担忧：研发对宝洁固然重要，但它代价高昂，而且收益不太明显。宝洁历来以营销和广告闻名，但实际上它对科学的发展也有重大贡献。在宝洁的员工中，有很多杰出的科学家为其产品不断进行着创新。

早在1977年，我初次和宝洁合作时，我的第一个任务就是帮它评估如何利用ARPAnet来帮助全球的宝洁科学家提高研发生产力。宝洁在世界各地都有研究人员，但当时的重点是宝洁内部的科学家。现在，宝洁在进行产品创新和改进时，依靠的不仅仅是其内部的科学家。以前，当科学家加入宝洁或其他大型科研企业时，他们都或多或少地脱离了他们曾经受训的大学的科学社区，而现在，宝洁的科学家开始越来越多地融入公司外部的科学社区。

1977年，未来研究院在ARPAnet上对国防承包商们使用的群体通信媒体进行测试，他们是因特网出现之前唯一可以使用这个网络的人。在宝洁的科学家群体内，我们创建了一种类似的媒介，这个媒介最终发展成了一个非常大的网络。实际上，据我所知，宝洁是唯一一家在20世纪70年代末，使用电子邮件之前创建了群体通信环境的公司。

2000年，宝洁面临一大困境：研发部门非常庞大，成本惊人。研发部门有新的想法，但频率和影响力都不能让拉夫雷满意。当然，宝洁希望拥有，或至少从它创造出的新想法中受益，但它也希望从外部的新想法中受益。环顾目前世界各地各行业研究型实验室的萧条景象，拉夫雷想知道有没有更好的方法。他非常看重研发的重要性，他所面临的困境是：如何在注重研发的同时，改变研发的模式。

他研究了很多模式，包括硅谷众多企业采用的模式。慢慢地，随着他对于未来研发部门的想法逐渐成形，以及吉尔·克劳伊德（Gil Cloyd）上任首席技术官一职，“联系+发展”（Connect + Develop）战略应运而生。“联系+发展”实际上是科学创新和产品研发领域的开放模式，这样一来，科学就不再只是公司内部的事。当然，这会引发知识产权等新问题，但宝洁能够获取和利用的资源也增加了很多。

2006 年，当宝洁公开其“联系 + 发展”战略时，我惊讶不已，因为我本以为这只是公司内部的战略，不会公开。我刚开始和宝洁合作时，就觉得它非常低调、隐秘，研发也完全集中在公司内部。而现在，拉弗雷制定了“联系 + 发展”战略，把很多公司外部的科学家也整合进了其科学家群体中。这一举措，不但能使公司以更快的速度创新，还能减少内部投入。当然，新模式依然需要投入，但在投入相同的情况下，它能收获更多的机会和资源。

拉夫雷并没有解决研发的成本、生产力和知识产权等问题，但他确实让情况有了转机。他明确表示，宝洁的挑战是让公司一半的创新想法来自公司外部。现在，这个目标已经实现，而且这个新方法也提高了宝洁的生产力。拉夫雷改变了传统的研发模式，把它转化成了开源、灵活的网络模式。现在，拉夫雷和罗格·马丁（Roger Martin）正在基于拉夫雷在宝洁的经历撰写一本新书，我非常期待拜读此书，学习他们在新书中与大家分享的成功经验。

我希望能找到 100 个像拉夫雷这样成功扭转困境的领导者，但现在还没找到，因为这种能力非常少见。扭转困境的人必须享受困惑的过程，而不仅仅是结果。不过，你也不能过于享受过程，而迟迟不作决策或采取行动。即使在充满困境的世界里，领导者也必须进行决策。

本章小结

要想扭转困境，必须先转变思想。丘吉尔曾经说过：“未来的王国将是思想的王国。”的确，扭转困境的能力是一种活在领导者头脑中的能力。

处理困境要求具备感知、构建和重构一个情境的能力。重构是指退后一步，审视之前的想法，然后换个角度看目前的情境，以便看清局势，找到可能的出路。

创造未来的第一步是倾听和理清头绪。当然，面对困境时，我们也理不出什么头绪。卓越的领导者会时刻保持警惕和对环境的敏感度，同时对他们所感知到的情况保持开放的心态。通常，领导者也不能100%理解目前的状况，但他们还是要选择一个变革的方向。

在未来研究院，我们发现预见是鼓励大家对困境发表看法的一种非常好的方法，即使你对预见本身并不认同。预见本身所包含的大局观限定了什么是可能的。一旦你看清局势，并预见到如果你在正确的时间采取正确的行动会发生什么，你就很有可能走出困境。通常，只有在你停止思考、开始行动的时候，道路才会慢慢变得清晰。提前到达那儿，可以给你留出时间，理清头绪，进行反思并制定战略。

要想提高自身扭转困境的能力，你可以尝试以下三个步骤：

- 首先，如果你不确定你面临的是问题还是困境，最好把它看做是一个困境。如果后来发现它是一个可以解决的问题，那就直接解决。但如果你错把困境当成了问题，等你发现的时候，可能已经遇上大麻烦了。如果你不确定你处理的是一个可以解决的问题，那就不要向任何人承诺你可以找到解决方案。
- 其次，把自己完全沉浸在困境中（关于这一点，我将在第四章、第十一章和第十二章中进行详细论述），这样你可以仔细倾听，认清目前的处境，而不会草率下结论。而且，把自己沉浸在困境中还能让你尝试各种模式和方法来理清头绪。未来的领导者必须学会享受困境，而问题解决者在面对困境时却急于尽快摆脱。
- 最后，努力找到让困境向好的方向发展的方法。困境不会自动消失，但领导者可以通过对困境进行重构来发现他人还未发现的机遇。

未来领导者必须尽情享受处理困境的过程，既不能过快下判断，也不能太晚作决策。过快下判断是问题解决者常犯的错误，因为他们总有解决问题的冲动。不仅如此，那些还没听清问题就觉得自己知道答案的人也很容易犯这个错误。在决策过程中，认真反思至关重要，因为只有这样，你才能避免草率下结论，避免判断失误的风险。

困境要求你在决定如何行动之前忍受不确定性。太晚作决策是那些喜欢研究的人经常犯的错误。他们喜欢钻研，但却不能根据他们的研究结果决定下一步该做什么。此外，太晚作决策对于那些喜欢不断问问题的不可知论者也是一大挑战。领导者必须要善于采取行动，因为不同于学者或不可知论者，领导者是决策制定者，即使面临困境，他们也必须作出决策。作为领导者，他们不能畏缩不前，无休止地思前想后。当然，他们必须要思考，但绝不能仅止于此，他们必须在思考之后决定如何创造未来。

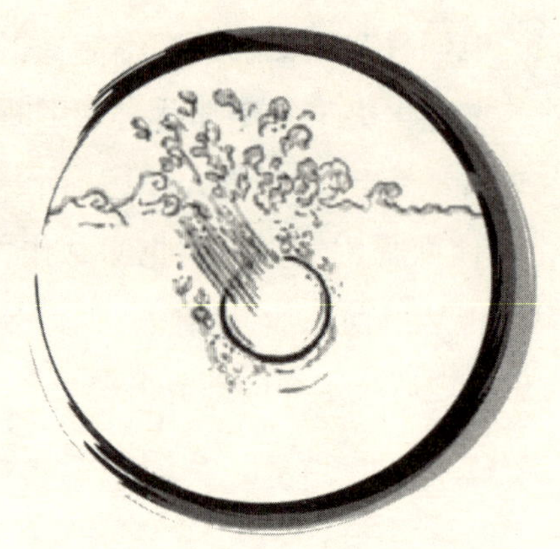

第四章
沉浸式学习

沉浸式学习是让自己融入陌生环境，通过亲身体验进行学习的能力。

1997 年，斯科特·戴（Scott Dye）医生在未上麻药的情况下，让其他医生给他健康的双膝做了“检查”。他之所以“自讨苦吃”是因为他想通过亲身经历找到以下问题的答案：他在给病人做类似检查时，病人膝盖疼痛的来源在哪里？这就是沉浸式学习的一个例子。

如果你想帮他人缓解膝盖疼痛，了解这种疼痛的最佳方式莫过于亲自体验。关于这次经历，戴医生在他发表的一篇文章中这样写道：

在对右膝进行初步检查时，刺穿未经麻醉的前滑膜和脂肪垫时，产生了剧烈疼痛，让被检查者（戴医生本人）禁不住叫出声来，还差点因此终止了该研究项目。后来，大家认为无须再针对左膝进行进一步研究，记录感官反应了。

通过亲身经历，戴医生用一个比方来向人们解释病人感受到的疼痛。他觉得这种疼痛就像你咬到了自己的腮帮子，咬完之后，被咬的地方会肿起来，以至于你老是咬到同一个地方，每次你咬到痛处，都会疼痛难忍。

为了帮助他人缓解病痛，戴医生亲自体验了那种疼痛，而且把整个感受记录了下来。除此之外，他还找到了和病人沟通这个体验的合适的方式。于是，他改革了针对膝盖疼痛的治疗方法，如今已经成为该领域的领头专家。在其他医生大力关注膝关节置换手术时，戴医生却把精力放在了膝盖疼痛以及如何缓解疼痛上。

值得庆幸的是，很多沉浸式学习并不需要在不上麻药的情况下把我们的膝盖切开。在充满变化、不确定性、复杂性和模糊性的世界中，各种模拟和游戏成了低风险学习的最佳方式，而且这些实用的方式也可以让领导者在未来到来之前提前进行体验以便做好准备。

从小打电脑游戏的经历也可能对领导者大有裨益，因为认真打游戏的人有机会置身于困境中，同时学会老练的社交技巧。游戏和模拟如果运用得当，将成为低风险、高回报的学习媒介。不过，现在，电脑游戏的名声并不太好，尤其是在父母中间。但不可否认，虽然游戏中充斥着暴力和性，但它的确能帮助人们开阔思路、培养领导能力。

侠盗猎车手（Grand Theft Auto，一款游戏）一直都因其无处不在的暴力和性而饱受诟病。不过，严肃的玩家在玩的时候完全可以不那么暴力，当然，一点暴力都没有肯定是不行的。游戏的媒介非常丰富，但游戏本身提供了内容和情境。侠盗猎车手还有令人叹为观止的视觉效果，为玩家提供了无限的可能性。游戏中包含的故事本身可能不那么引人入胜，但玩的模式非常复杂，里面包含了很多困境。通过打游戏，玩家可以以一种低风险的方式来体验现实世界的各种可能性。

我相信那些严肃的玩家在未来应聘领导岗位时肯定会有一定的优势，虽然我知道很多家长不一定认同我的看法。不过，究竟会不会有优势，取决于他们在玩游戏的过程中有没有掌握很多在线游戏都要求的处理困境的能力和社交技能。例如，专门研究游戏的学者康士坦希·史坦库勒（Constance Steinkuehler）和希恩·杜肯（Sean Duncan）在研究魔兽世界的玩家时发现，他们不仅在玩游戏，与此同时，还练就了非常成熟的数学模型，掌握了基本的科学思维。一些严肃玩家正在“虚拟世界中，帮助其大脑培养科学思维习惯”。对于那些沉溺于游戏的孩子的父母来说，这的确是个好消息。

通过提供低风险的锻炼机会，游戏得以帮助你掌握在现实世界取得成功所需要的技能。游戏让你有机会锻炼，以便在压力来临时，你不至于被压倒。翔恩·贝洛克（Sian Bielock）在其新书中探讨了人们在处理日常任务时失败的原因。在压力下工作的经历可能帮助你找到缓解压力的新方法，并最终渡过难关。游戏为你培养技能提供了一个低风险的环境。

沉浸式在线环境是培养领导技能的好地方。领导者不必采用他们遇到的每个模式，但他们可以探索并且理解什么可以做，什么不能做。至少，领导者应该鼓励他人探索在线的社交圈，以便掌握一些组织智能。对新技术或新媒体心怀恐惧或不屑是领导者万万不能做的。融入游戏环境并鼓励下属融入是领导力的一个重要维度。

玩游戏的风格也是需要学习的一个方面。经常有父母问我，孩子爱玩游戏，他们应该怎么办。我建议他们和孩子一起玩。在玩游戏的过程中，教育的对象颠倒了，不是父母教育孩子，而变成了孩子教育父母。当然，父母也可以通过他们玩游戏的方式来向孩子展示并灌输其价值观。你可以把游戏视为危险但有趣的城市社区。你可以禁止孩子去那些地方，也可以和他们一起去并帮助他们养成一些安全习惯。两种方式中，我推荐你尝试第二种。如果你希望孩子向你学习，那你也应该向孩子学习。

沉浸式学习能力不仅是使用在线模拟和游戏的意愿，进入全新领域也是沉浸式学习的一种方式。

我曾在佛罗里达州的奥兰多，针对某工业清洁用品公司做过一次主题演讲。我前一天晚上到达了奥兰多，并受邀与该公司的高管共进晚餐。一般来说，这种晚餐通常规格都很高。但那次，我们一行人在酒店门口集合，上了一辆大巴，前往当地一家使用该公司产品的汽车旅馆。这个旅馆一晚只需 40 美元。在去往旅馆的路上，大巴在一家快餐店做了停留，供大家用餐，这家店也在使用该公司的清洁用品。

到达旅馆之后，我们径直被带进旅馆的洗衣房，参观如何使用这些清洁用品来清洗弄脏的床单和毛巾。然后，他们给了我们每人一辆清洁车，教我们如何清洁脏乱不堪的旅馆房间（这些房间已经被该公司提前租用了，专门用来给大家做培训）。通过这次培训，我和该公司的高管，包括公司CEO都学会了如何用各种不同的清洁产品来清理脏乱无比的房间。在那次沉浸式学习过程中，我们的作业是每20分钟清理完一个房间（该旅馆的服务员每天清理一个房间最多只有20分钟）。事实证明，在20分钟之内清理完一个脏乱无比的房间是一件很困难的事。看到我们在帮他们打扫房间，旅馆的人非常高兴，不过在我们完成作业后，他们还是让服务员重新打扫了一遍。通过这次经历，我发现在汽车旅馆打扫房间是一项非常辛苦的工作。

我经常住酒店，但我从来没打扫过。这次经历改变了我看待和体验酒店的方式。我知道了遵守正确的清理规定是多么困难，尤其是有关卫生和消毒的规定。我也知道了在20分钟内打扫完一个房间多么辛苦，我还看到了有些顾客把旅馆的房间弄得多么脏乱。住酒店时，我经常给负责清洁的服务员留小费，但自从我亲身体验过他们的日常工作后，我留给他们的小费更多了。

对于该公司来说，我的收获肯定没有该公司高管通过此次经历得到的收获重要。他们会因此作出更好的商业决策吗？我觉得会。高管们应该把自己放在使用其产品的客户的位置来体验一下自己的产品。这些高管一般不会住40美元一晚的旅馆，他们更不可能打扫这些旅馆的房间。

此次活动提供了很多有关公司产品的宝贵信息。比如，这些清洁产品的说明不够清楚；旅馆的清洁人员很多都不是以英语为母语的；这些清洁产品的说明最好使用他们更擅长的语言，或者用生动的图示来说明，让来自任何语言背景的人都能看懂。

沉浸式学习可以让你的生活发生明显改变。把自己放在客户的位置进行体验总能让你受益匪浅。

沉浸式学习最好的方式就是在体验的过程中增添乐趣。在企业环境中，乐趣和学习通常是分开的。但实际上，乐趣是一股非常强大的动力，可以帮助你学习。

CCL把沉浸式学习融入了所谓的集中反馈型项目。这些学习体验非常个性化，通过将学习者完全沉浸到不同的环境中来强化学习效果：

> 一个精心设计的集中反馈型项目的每个阶段都会面临多重挑战。其中，评估和反馈带来的挑战最大：内省、被他人观察或打分的不适、害怕自己的弱点被暴露以及最终的目标达成和行为改变。教室里的结构化体验可以让参与者走出舒适区，给他们提供挑战，让他们有机会考虑信念、方法或他人观点的价值。

挑战性的任务就是能创造沉浸式学习机会的情境。最好的学习任务应该既具有挑战性，也不会面临什么风险。例如，CCL 总裁约翰·瑞安就喜欢让 CCL 崭露头角的新生代领导组织“联合之路”活动。这些活动非常重要，结果很好量化，而且也对 CCL 和相关人员没有风险。所以，这些活动既是重要的任务，也是很好的学习机会。但不幸的是，很多公司都把“联合之路”之类的活动当做麻烦事，而不是进行沉浸式学习的机会。

CCL 启动了打破领导力界限项目来释放人类潜能。界限确实存在，而且，有些时候，界限越来越难扩张。另外，人们之间相互联系的新方式也在不断涌现。通过这一举措，CCL 和很多非政府机构、教育机构、政府部门和社区机构建立了战略伙伴关系，主要为发展中国家处于弱势地位的社区提供领导力发展方面的培训。

经过过去 40 多年的研究，CCL 积累了多种实用的工具、技术和领导力发展流程，通过向学习者提供以上资源，CCL 得以让学习者沉浸在具体的情境中。而且，通过与社区紧密合作，为其进行战略指导，CCL 还在能力培养和机构创新方面有所贡献，为在这方面比较缺乏的社区提供了帮助。例如，CCL 与加勒比健康领导力研究中心的人员进行合作，帮助他们培训适合在这家多学科公共健康卫生机构进行领导的培训师。个性化的培训内容包含现场和远程指导、相关材料以及向分散在 12 个国家的其他领导者传授知识。这一过程建立了内部相互联系的框架，并在加勒比地区为公共健康研究、教育和信息创造了独特的统一标准。这就是沉浸式学习。

沉浸式学习能力的定义

沉浸指全心投入一个完全不同的世界，这个世界可以是虚拟的，也可以是你之前不熟悉的领域。作为未来领导者必须具备的一大技能，沉浸式学习能力似乎有点名不副实，但对于领导者来说，这种经验既生动，又让人印象深刻。

我所说的“沉浸式”，用的是这个词的广义，指一系列亲自体验的学习环境，包括：

现实模拟

现实世界的很多方面都可以模拟，这样大家就能够以一种低风险的方式来进行体验。在很多情况下，对现实世界的直接模拟很难实现，但有时却是可能的。而且，即便最终结果只是和现实情况近似，模拟也是值得的。简单的现实情况容易复制，但现实情况越复杂，模拟的难度就越大。有时候，一些现实模拟特意设计得比现实情况还复杂，这样，参与者在现实中就会觉得更容易。在领导力领域，全盘现实模拟很难实现，因为领导者在现实生活中面临的决策很难复制。

交替现实游戏

个体、小群体或大量参与者都可以融入假设的情境中，假设的情境既可以在网络数字环境中，也可以是真实的现实情境。交替现实游戏并不一定是对真实情境的模拟，但却具有挑战性、引人入胜，为人们提供一种低风险的环境，以便通过亲自体验进行学习。在这些游戏中，人们在一种非同寻常、有趣的环境中“扮演”自己。杰出的游戏设计师简·麦格尼格尔（Jane McGonigac）（目前在未来研究院工作）把这种游戏称作“真实扮演”，而不是“角色扮演”，因为在游戏中，你扮演的是你自己。交替现实游戏将游戏元素和真实世界结合在一起，创造了一种不同的环境。麦格尼格尔还把带有游戏元素的学习环境称为“游戏式”体验，虽然它们并不是纯粹意义上的模拟或游戏。麦格尼格尔把游戏定义为“人们自愿去克服的障碍”，而且，她认为，游戏能给人带来“超能量”，如：

· 无比乐观；

· 属于社会关系网的归属感；

· 快乐工作；

· 体验史诗意义。

3D 沉浸式环境

在网络环境中，人们可以变身为其他人。世界上所有的故事和游戏都是由玩家创造的。例如，一些有自闭症倾向的年轻人都在用 3D 游戏——第二人生（second life）来锻炼其社交能力。我真心希望在未来能出现更多 3D 游戏，不断扩展第二人生中所包含的一些体验。

角色扮演模拟游戏

学习者可以在从真实环境中提取出来的互动式模拟情境中扮演不同的角色，体验各种新情境，并有机会尝试各种不同的可能性。角色扮演可以非常真实，也可以与现实有差距，目的是帮助领导者通过扮演其他角色进行学习。

沉浸式情景

情景是用来使某个预测生动化、让学习者身临其境的故事。例如，用数字技术展现的故事通常都是简短、可视的情景。沉浸式学习或游戏式情景能让参与者身临其境，而不是仅仅阅读或观看某个情景。

教导和反向教导

学习者可以在一段时期内将自己融入到他们敬仰的其他人的生活中，并向他们学习。例如，一些公司利用反向教导来帮助男性领导者体验一下女性领导者的工作，让白人领导者品尝一下当有色人种的管理者的滋味，让年长的管理者尝试一下新聘的年轻管理者的感受。在欧洲，这种方法被称为借调（secondment），一般用于职业生涯的早期。

特设沉浸式体验

这种体验的目的是帮助我们从另外一个角度看问题，就像我当初打扫旅馆房间一样。从人类学的角度来看，这个目标类似于人类学家所说的人种学：研究人员为了定性地了解某个文化会亲自融入该文化。人类学家在做研究时，一般时间跨度都很大，而且非常深入，而特设沉浸式体验则是快速体验，即便如此，这种一手的体验依然很宝贵。特设沉浸式体验与模拟类似，但没有模拟复杂，因为不用像模拟那样创造一个虚拟世界。比如，设计一些比较重、填充了东西的特殊服装，以便让年轻人体验一个“老者”的感受。还有一些特殊的服装可以让男士体验一下月经或怀孕好几个月的滋味。

即兴表演

演员能够以生动、形象的方式演绎未来，而学习者可以通过观看表演进行学习。这种体验有点复杂，而且因学习者的参与程度而异。如果演员能够让学习者参与进来，学习机会就更大。例如，2000 年，在剑桥商学院举办的一次由宝洁赞助的 CEO 论坛上，我们就聘请了演员来展示消费者可能的行为。在这种情况下，我们觉得让 CEO 进行角色扮演会很困难，但用演员进行展示就比较好，既切实可行，又比做演讲更形象生动。

沉浸式案例研究

这种方法是指用一种非常引人入胜的方式来描述一个实际情景，以便学习者能够完全融入这个案例。案例研究的历史非常悠久，近年来深受商学院的喜爱，所以很多人都开始慢慢接受案例教学法。案例对于撰写案例的学生来说可能非常吸引人，但对于其他读者就不一定如此了。不过，优秀的教授能够以一种生动有趣的方式来呈现案例。你可以阅读案例，但如果你没有过类似经验，就很难亲身体验。沉浸式案例研究这个术语是由 UPS 的史蒂夫·琼斯提出的，用来描述公司如何利用沉浸式学习来培养其司机和管理人员。

融入未来

沉浸式学习是未来的一种重要学习途径。你必须亲自体验才能真正学好某项技能。如果你提前“体验”过未来，那创造未来就会更加容易。如果你了解未来世界的各种可能性，你就更容易确定你的选择。

危机下的沉浸式体验

气候灾难或大批因为风暴或其他自然灾害而不得不迁移的人，在未来会越来越多。例如，飓风卡特里娜先导致一大批人从新奥尔良转移，接着就是全美范围内的多次迁移。卡特里娜带来的悲剧成为很多人共同的经历，而如此改变人生的经历在这群人中间建立了很强的社会联系。因卡特里娜而受灾的人被迫离开新奥尔良，很多人想在灾难后返回故乡，却无法实现。现在，新奥尔良正在慢慢重建，受卡特里娜袭击的地区的居民以及前往该地区救援的人员都亲身体验了这场灾难。

风暴发生后，救援人员花了几年时间帮助重建新奥尔良。重建的任务非常艰巨，周期也很长，于是，教堂和政府机构专门为救援人员建造了临时住所。对于参与救援的志愿者来说，重建新奥尔良也是改变其生活的重大经历，让他们有机会亲身体验如何让一个支离破碎的世界重新恢复正常。对很多人来说，这是改变这场让很多人伤心绝望的灾难的机会。

灾难发生后，宝洁用卡车给灾民运送了大量洗衣机、烘干机以及汰渍清洁剂，以便他们在卡车上清洗衣物，在闷热难耐的天气里享受久违的清爽舒适。这其实就是人们对汰渍这个知名清洁剂品牌的沉浸式体验。在人们的需求极其强烈的情况下，原本不起眼的清洁剂就有了新的价值（见图 12）。人们肯定会因为宝洁在灾难过后反应迅速而对其称赞有加。除此之外，宝洁还有另外一项收获，那就是有机会让成千上万的灾民体验汰渍的产品并因此而成为其忠实客户。灾难发生后那段时间，人们对汰渍品牌的忠诚度迅速飙升，而宝洁则在此之后，开始不断强化幸存者与汰渍品牌之间的联系。

图 12　汰渍为飓风幸存者提供的移动洗衣车

图片来源：已获得汰渍使用许可。

财务方面的沉浸式体验

财务规划不是我的强项。不过，最近发生在我身上的两次财务方面的经历倒可以对我接下来的发展有所帮助。

未来研究院和 TIAA/CRFE——一家众多大学和非营利机构都使用的养老金规划组织有合作。由于我年近花甲，TIAA/CREF 就给我指派了一名规划师。她的客户基本上都和我年纪相仿或者更大，大都来自斯坦福、SRI international 或其他非营利机构。在该计划中，她所做的就是把我置身于我自己的财务状况之中，根据我的情况以及可能发生的意外，用模拟来向我展示未来几年可能发生的情况。她把我和我的家人带入了我们的未来世界，实际上是好几个未来世界，并在此基础上帮助我们进行决策。由于一切都在不断变化，我们每年都会对该计划进行更新。

与此同时，斯蒂菲尔·尼古拉斯的人也邀请我去他的办公室，通过沉浸式体验，向快要退休的人推荐他们的服务。他们也创造了一个虚拟的世界，以便让你发掘你面临的不同选择。去另外一个城市是该体验的一部分，这样你就能离开熟悉的家，远离平常的思维方式。

个人财务状况非常重要，但在这次旅行之前，我从来没有花时间好好考虑过这些问题。这次体验让我跳出了常规，进入了一个全新世界，在这个新世界中，我得到了更多信息，并因此能采取更明智的行动。

民生问题中的沉浸式体验

未来十年，加利福尼亚州发生大地震的可能性非常高。但除非某地最近才发生过一次大地震，否则就很难改善人们对地震的防备状态。美国旧金山湾区红十字会就使用一种独特的沉浸式方法，向人们展示地震的危害。他们在旧金山轮渡大厦前停了一辆大型平板拖车，并在车上贴了一张轮渡大厦正在坍塌的巨幅照片。瞬间，路人就看到了轮渡大厦倒塌的画面，而且非常逼真。湾区红十字会要传达的信息非常明确：我们应该做些什么才能引起你的关注？做好准备。卡车的另一边是集市街的一张类似的图片。这个沉浸式体验令人印象深刻，但参与者并不需要很多投入，只需走过并且观看。

另外一个类似的例子是通过形象的方式向人们展示在温室效应下，旧金山市场南地区（South of Market area）未来的海平面状况。当然，未来海平面到底如何还有待商榷，但这种方式的确令人震撼，也确实引发了路人的议论，这正是此类沉浸式街头艺术的目的所在。这种活动的结果就是：仅仅通过路过并观看，就获得了非常生动的体验。

加利福尼亚的未来

由于加利福尼亚州面临预算危机、社会分工和环境方面的挑战，未来研究院与加州通讯和资讯技术学院以及社会利益信息技术研究中心一起合作，为加利福尼亚的一个未来项目——“加州之梦：畅想加州的新未来”——设计和开发四个可能的情景，以便让加州市民、政策制定者和社区亲身体验加州可能拥有的不同未来。这四个涉及转型、发展、崩溃和限制的不同情景引发了人们对于若干重大问题的讨论，包括健康、教育、食品、水和能源、工作、治理、公平和移民等。这个举措的目的是希望通过亲身体验各种可能性让个体和政策制定者明白，未来是多面的，这样我们才可能在当前作出更好的决策。

融入未来

未来研究院一直都把沉浸式体验作为评估和尝试不同情景的有效方法。未来研究院成立前，其创始人奥拉夫·海尔默和泰德·高登一起开发了一款名为 Futures 的桌面游戏，向人们展示了未来各事件之间的相互作用和影响。1979 年，未来研究院开发了一款名为 Spinoff 的游戏，可以让人们融入一个多媒体的环境，并自由选择解决某个模拟危机的方式，包括面对面、音频、视频和用电脑进行远程会议。

游戏已经成为了一个预测平台。未来研究院的游戏设计师简·麦格尼格尔（Jane McGonigal）和凯西·维安（Kathi Vin）、詹姆斯·卡西欧（Jamais Cascio）设计了一款游戏，为 2009—2019 年的十年预测作了很大贡献。第一个此种类型的模拟叫做 Superstruct，在 2008 年为期两个月的时间段内有很多人参与（见图 13）。

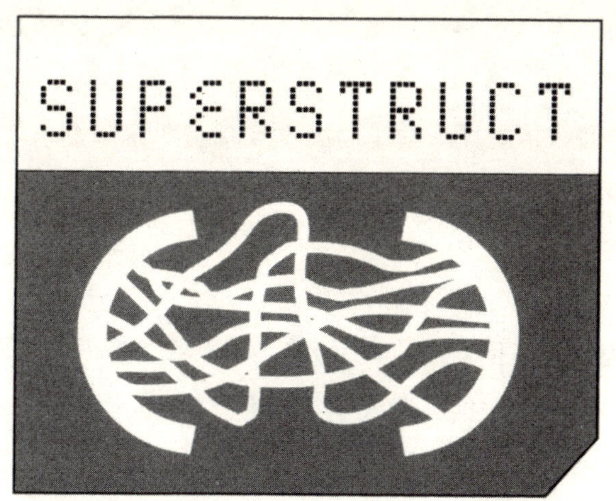

图 13 一个预测未来的模拟游戏——Superstruct

图片来源：未来研究院。

十年预测可以包含一个公地、在此基础之上，可以建立各种类型的机构。随着未来变得越来越复杂，为基础预测和决策框架创建公地将面临很多新的挑战。Superstruct 就是一种公地，一种预测和交换信息的平台，同时也是进行新尝试的平台。在游戏中，玩家可以像按快进键一样，想象自己未来十年的情况。他们会面临哪些外部挑战？他们希望成为什么样的人或者领导者？

Superstruct 是一种本色扮演的游戏，可以让玩家扮演成未来的自己，并在未来世界培养和发展其技能，努力发掘新的机会。

在 Superstruct 的基础之上，未来研究院又开发了 Foresight Engine 游戏平台。刚开始，该平台主要用于支持为美国电气和电子工程师协会（IEEE）开发的一款游戏。

2011 年，新西兰基督城发生了一系列地震，850 人在 Foresight Engine 中玩了游戏，结果产生了 9000 多种对基督城未来建设的想法。

玩家们将面临城市规划人员及其他相关人员可能面临的决策。SimCity 是最早对现实世界进行模拟的游戏之一，为玩家们提供了一种低风险的学习方式。当你真的遇到一些事情的时候，你肯定会从中有所收获，但游戏可以让你在真正遇到这些事情之前就有所学习。

Suerpstruct 和 SimCity 这类游戏是没有输家的，而有些游戏则有输赢之分，一个玩家要想赢，另一个玩家就必须输。在充满变化、不确定性、复杂性和模糊性的世界，找到双赢的解决方案至关重要。例如，把市场变大可能比只扩大市场份额更有价值。你赢并不一定意味着其他人输了。

战争前后的沉浸式体验

陆军军事学院战争游戏领域的专家道格·坎贝尔（Doung Gampbell）经常说“模拟能够帮助人们积累经验”。的确，军事教学法的精髓就在于模拟和其他形式的沉浸式学习。而且沉浸式学习也是军队和其他军事机构自越战以来经历的学习转化过程的精髓。在模拟的环境中学习的一大优势就是你不但能得到锻炼，还能避免受伤的风险。你甚至可以在不用死的情况下体验“被杀”的感觉。总之，游戏是学习战争的绝好方式，能够帮助你培养领导风格并积累作战所需的经验。

宝洁前消费者和市场调研部的领导者安妮·莉莉·科恩（Anne Lilly lone）指出，除了积累经验，模拟还能帮助人们锻炼能力，给领导者提供实验的机会，让他们能够在模拟得非常真实的环境中进行学习。

战争游戏通常都设计得比真实情况复杂，这样一来，等战士真的上战场时，他会发现实际情况比预想的要简单。在伊拉克和阿富汗战争中，士兵们在上战场之前就在位于莫哈韦沙漠的军队的国家培训中心通过战争游戏亲自体验和学习，每天 24 小时。参与的人几乎都输了，而且很多人都“被杀”了。

在进行战争培训方面，模拟的优势确实非常明显，而且它还能很好地帮助人们从战争中恢复。备受伊拉克战争创伤的老兵有时会采用模拟来进行沉浸式治疗。“虚拟伊拉克”这款游戏是在之前的“虚拟越南”和现在的“全能战士”这两款游戏的基础之上开发的。“虚拟伊拉克”把那些试图从战争的阴影和创伤中恢复身心健康的人重新带回令人恐惧的战争世界，由训练有素的治疗师帮助他们摆脱那些令人痛苦万分却挥之不去的记忆瞬间。对这些生还者来说，他们的头脑已经被令人不堪回首的经历折磨得混乱无序，所以，在重返家园后，他们必须重新让他们的大脑变得有序起来。要达到这一目标，就需要重新回到这些负面的经历当中，然后学会把它们及其引发的负面反应和情绪进行隔离。沉浸式经历，再加上治疗，可以帮助身心受到创伤的战士根据他们自己的节奏，在低风险的虚拟环境中逐渐恢复。一位测试这款新游戏的治疗师这样来描述这一过程所面临的挑战：麻木和逃避是创伤后压力心理障碍症（PTSD）的症状，而你却让他去做他在潜意识中一直逃避去做的事情，这的确是一个非常棘手的困境。

CEO 与购物者的沉浸式体验

沉浸式经历对领导者来说非常重要，因为这样可以帮助他们从他人的角度来看待世界。最近，我和某大型消费品公司的 CEO 一起体验了一次购物经历。一家市场调研公司把我们和一位素不相识的年轻妈妈分在了一组，她年收入5万美元，住在加州湾区。这位母亲没有选择该公司的产品，对此，该公司CEO非常惊讶。不过，在他和这位母亲以及三个调皮捣蛋的孩子一起逛商店时，他明白了她不买他们公司产品的原因。对很多人来说，5万美元是很大一笔钱，但对于住在圣马特奥市的单亲妈妈来说并不多。现在，一切都在飞速变化，领导者必须经常进行类似的体验才能真正了解对他们而言最重要的那些人。

放大的组织中的沉浸式体验

位于奥马哈市的Alegent Health公司在某幢大楼内创建了一个“决策加速器”空间。从外面看，这座建筑和一般的郊区办公楼没什么两样，但里面却大相径庭。Alegent希望人们能够摆脱常规约束，放大他们日常的思维方式，打破思维定式。在决策加速器中，一切都灵活自由：家具可以移动并且能够随意拼接，很多东西都带有轮子。在这个空间中，还有协助者和艺术家能帮助人们把想法形象化。这么做的初衷是为了加速决策过程，让决策更有效。

决策加速器是一种沉浸在不同决策过程中的体验，它能帮助人们拓展思维，促使他们做得更好，但实施这些变化的决定权在他们自己手中。通过把人们沉浸在不同的空间环境，决策加速器可以激发人们跳出思维定式，加速整个决策过程以便改善最终结果。

一位具有超强沉浸式学习能力的领导者

道格·坎贝尔是陆军军事学院的游戏专家，他曾经是一名骑兵，战争在他身上留下了永久的伤痕：一条跛腿和只有9个指头的双手。他脾气暴躁、讲究实际、待人友好，而且他还是一位热爱游戏的天才。我和他一起参加过一些模拟活动，每次他都非常投入。我参加过他在陆军军事学院举办的为期两周的全球危机模拟。在整个过程中，坎贝尔教授都戴着耳机，紧紧跟随着游戏的发展，同时，他还不忘游戏之外的其他事情，比如时不时地和我说几句话。在这个游戏中，我不是他重点关注的对象，也不应该是，但他还是能够从容地在多个环境中处理多个任务。他比其他玩家都领先一步，但领先的并不太多。作为资深玩家，他一直都在更改游戏的一些参数，以便让其他玩家发挥出他们的极限水平，却不至于把他们打垮或摧毁。

道格·坎贝尔的战争游戏包括一系列不同的体验，比如欧洲的NATO战争游戏。在陆军军事学院，他尽可能逼真地模拟现实，不过，模拟的情景还是要比现实领先十年。他在这方面非常擅长，就像一个优秀的教练在比赛前发掘运动员的潜能一样。有时候，他为企业高管、非营利组织领导者和军队领导者提供演示性沉浸式体验。在一次课上，他让我们玩缩小版的全球危机模拟游戏，让我们作出一些在现实战事中必定会面临的一些选择。

本章小结

沉浸式学习为锻炼专注力——倾听和过滤，在专注的同时发现规律的能力——提供了安全的环境。在充满变化、不确定性、复杂性和模糊性的世界，领导者需要很强的专注力。领导者不可能吸收所有信息，所以必须对信息进行过滤，并学会如何发现规律。随着数据来源越来越多，过滤信号或噪声的难度也越来越大。

不同年代的人之间的差异越来越明显，在数字时代成长起来的领导者在保持部分专注力方面更胜一筹。

沉浸式学习的另外一个要求就是开放。随着领导者一步步迈向组织的顶端，他们会离组织内的真实情况越来越远。领导者应该走出他们的固定角色，多进行不同的体验，并从中学习。一般来说，沉浸式学习环境通常都比领导者在现实生活中可能遇到的情况更加困难。领导者应该努力寻找沉浸式学习机会，尤其是那些让他们感觉不适却很有意义体验的机会。如果你能在虚拟的世界里创造未来，那在真实世界，创造未来就会容易得多。

第五章 生物同理心

生物同理心（Bio－empathy）是指从自然的角度看待事物，理解、尊重事物的规律并从中学习。

吃的乐趣一大部分源于大家对于为我们提供食物的生命和世界的清晰意识。

——温德尔·贝里（Wendell Berrys）

大家每天都通过“吃”与大自然发生着联系。如果我们在吃的时候，能够清晰地意识到我们食物的来源，我们就可能对自然过程产生更大的同理心，这就是生物同理心的一种，它能够促使我们从自然中学习。生物同理心是透过自然过滤器的领导力，可以通过很多不同的方式应用到领导力领域。自然界有哪些基本规律可以对领导力带来启发？如果，我们能够理解自然及其带给我们的启示，自然就能让我们在充满变化、不确定性、复杂性和模糊性的世界中找到意义和方向。

在弗吉尼亚的谢南多厄河谷（Shenandoah Valley），萨拉丁家族三代人自1961年开始经营波利弗斯农场（Polyface Farm），他们的经营原则很好地体现了生物同理心：

·透明（Transparency）：欢迎任何人随时参观农场。没有不可见人的贸易秘密，没有关闭的大门，农场的任何角落都可以随时拍照。

·放牧：放养家畜和家禽，频繁更换放牧地点，在保证动物营养的同时，保护环境。

·尊重生物个性：必须给植物和动物提供适合它们的生存场所，让“猪生活得像只猪”是它们健康的基础。

·本地化：不运输食物。应该就近寻找食物来源，尊重食物的季节性，多吃本地的食物。

·自然规律：尊重生物本性和自然规律。牛是食草动物，而不是杂食性动物，所以我们从来不给牛喂死牛吃，虽然美国农业部鼓励这么做（有人声称给牛喂死牛吃是疯牛病爆发的原因）。

·蚯蚓：我们的农场对蚯蚓的生存非常有利，改善土壤生物群的生存环境是我们的第一要务，因为只有健康的土壤才可以生产出健康的食品。

这些不是人制定的规则，而是大自然的法则。该农场的名字——Polyface Farm——就是由“混养”一词而来，所谓混养就是在一片土地上种植两种或多种作物。该农场的成员都以一种从大自然中学习的方式在他们生活的草原上耕耘劳作。

例如，他们使用一种独特的临时性围栏，让动物们沿着围栏绕农场活动，这样，其他动物就会跟着它们绕圈，随意活动。他们这样做其实是把动物置于一个受自然法则和对自然的同理心管理的环境中。他们大大减少了购买食物的量，由于不断更换放牧的地点，各种动物得以发挥它们各自在大自然中的作用。他们与大自然一起生产出了非常美味、健康的食品。

骨科医生斯科特·戴为了亲自体验膝盖疼痛，在不上麻药的情况下，让其他医生切开了他的膝盖。他的做法其实是另外一种生物同理心的表现（见第四章）。很多骨科医生似乎把膝盖疼痛看做是机械问题，最常见的治疗办法就是换膝盖。虽然，机械膝盖非常不错，但比起真膝盖还是相差甚远。人工膝盖的功能和真膝盖无法相提并论，它只是在某些很有限的功能上能够替代真膝盖。

戴医生的想法和其他医生不同：他用生物的眼光来看待膝盖，而不是像其他医生那样以机械的眼光来看。而且，他非常关注膝盖疼痛。“从这种全新的生物角度来说，如果疼痛消除，肌肉组织重新达到并维持体内平衡，那么在某个关节处存在什么结构问题就无关大碍了。”通过这次手术经历，他对于病人的同理心更强，同时也为人类膝盖的神奇构造而折服。除非其他方法都行不通，否则他不会选择更换膝盖。

生物同理心这个词可能会让一些读者不解，但是我希望你能耐心听我解释。我相信下一个全球经济助推器将来自生物学和生命科学。这股经济能量的很大一部分将用于全球福利经济——不光包含对受疾病困扰的人的关怀，同时也包含健康、康乐和幸福生活的关怀。

工程及控制导向的思维依然非常重要，尤其是在拥有稳定技术的成熟市场中。不过，下一次大的变革将来自生物和有机思维方式。生物同理心只是领导者希望与自然保持联系并从自然界中学习的意愿的一种体现。如果你把你的公司看做一个生态系统，而非机器，你的商业决策会发生什么变化？

生命科学家很容易产生生物同理心，但其他人也可以通过在野外露营或融入大自然来培养同理心。熟悉户外以及户外生活非常有利于培养生物同理心。

圣公会教堂现任主教舒歌莉（Katharine Jefferts）就是一个具有很强生物同理心的人，但她的生物同理心和斯科特·戴医生及波利弗斯农场的人都有所不同。上任前，她曾是国家海洋渔业局的一名海洋学家。此外，她还在俄勒冈州立大学担任过科学教师和研究员。她曾在布道时说，在相信任何事情之前，她都倾向于找到科学依据，不过，她同时也对神秘及未知世界深怀敬意。在讲授风和精神的力量时，她会使用很多现实中的例子，同时，也会和希伯来经书及新约进行比较。讲话时，她非常喜欢用一些与生物相关的比喻。为了提高大家的环境意识和社会公正意识，她解释了万物的相互关联性：

科学家告诉我们宇宙间万物是相互关联。多年前做过的一项非常有名的实验通过一种新的方式证明了这一点。当你把两个转向相反的电子从不同方向投出，然后改变其中一个电子的转向，你会发现另外一个电子的转向会立刻改变。这告诉我们，即使在最基本的元素层面，宇宙间的万物也是相互联系的。

舒歌莉主教呼吁人们审视自然的节奏和趋势，并努力寻找与自然的共鸣。

生物同理心的定义

生物同理心要求人们从自然的角度看待事物。这种观点的基础就是对自然的尊重，同时以长远的眼光来看待人与自然的关系，保证生物能够世世代代延续下去。生物同理心同时也依赖于自然思维和通过自然获取的领导力复原能力。

生物同理心的一大特点是能够看到生态系统的全局，而不只是各个组成部分。有的人通过露营或远足来理解生态系统。即便在商业世界，领导者也经常会面临各种相互关联的变量、非线性的关系以及变化过程所带来的挑战。

当然，你不一定非要从商界回归自然才能培养强烈的同理心。生物同理心是把人类活动看做环境稳定性的一部分，认为人类和环境息息相关，而且人类系统隶属于自然系统。生物同理心是尊重人类行为所带来的不可避免的生态后果，并把这些新参数看做机会而非障碍。例如津巴布韦首都哈拉雷的东门中心利用白蚁堆的空气动力原理来调节气温。生物同理心为领导者提供了创造未来的新方法。

未来的生物同理心

本书插页预测图的背景就是细胞的自然形态，意在说明人类的各项活动实际上都是在大自然的背景下进行的。不过，有关自然的一些问题，包括挑战和机遇，都将在未来十年逐渐从背景走进人们的视线。生物和生命科学将影响商业表现。人们也将正视他们对地球的破坏并积极寻求改善自然环境的有效措施。未来，人们要面对的困境是如何在让企业赢利、可持续的同时，让自然环境变得更回美好。

生物同理心和环境合作

全球环境管理协会（The Global Enveronmental Management Initiative，GEMI）是由各行业各组织环境、健康和安全方面的领导者组成的行业协会。该协会与未来研究院一起做了一项针对影响可持续性的外部力量的预测（见图14）。我们最终绘制的预测图从7个维度来看待可持续性：人、地区、人造环境、自然、市场、商业和能源。由于关联的活动很多，“可持续性”这个词也有了多种不同的含义。全球环境管理协会的初衷是理清各种选项之间的关系，并把它们放在一起进行跨功能、跨行业比较。

图14　全球环境管理协会（GEMI）的预测图

图片来源：未来研究院。

这种预测非常有用，因为它勾勒了各种影响未来的外部力量的范围。和其他地图一样，全球环境管理协会和未来研究院绘制的预测地图并不告诉人们往哪走，但却为可持续性领域的领导力发展提供了情境。组织和个体领导者可以置身于该地图所提供的情境中，并考虑各自在其中扮演的角色。在领导者实现目标的过程中，必定会遇到各种问题，而预测地图为领导者提供了一个包含所有可能性、所有外部力量的地形图。

全球环境管理协会的领导者倾向于关注环境、健康和安全问题的技术方面。

现在，可持续性已经上升为公司最高管理层要讨论的问题。GEMI 地图为这些讨论提供了框架以及一些具体的建议，告诉公司它们在哪些区域影响力最大。

未来研究院也和商务社会责任国际协会（Business for Social Responsibility，BSR）创造了一系列跨行业情景，以探索如何将企业战略和对可持续性的关注创造性地结合在一起。在这方面，已经有很多新的商业模式，但依然还有很多东西要学习，而且学习的需求也非常紧迫。生物同理心必须通过既在经济上可持续，又对环境有利的商业模式来体现。

生物同理心在可替代能源、技术变革和可持续性设计等的快速发展方面占有一席之地。2003 年，亚历克斯·史蒂夫（Alex Steffen）和未来研究院的卡西欧一起创办了非营利性、获奖的在线杂志——《改变世界》（World Changing）。该杂志根据可持续性和社会创新原则，倡导“绿色环保主义”。这个词是亚历克斯·史蒂夫自创的，专指新设计和新技术在促进全球生态系统可持续性方面的重要作用。《改变世界》捕捉到了这股全球性的科技社会趋势，以便在可持续性方面形成独到见解并寻找实际可行的解决方案。它的很多想法、解决方案和发明在《改变世界：21 世纪用户指南》（Worldchanging: A user's Guide for the 21st Cantury）一书中都有记载。

生物同理心和战后恢复

很多参与过伊拉克和阿富汗战争的士兵家庭都通过融入大自然来帮助士兵消除战争带来的副作用。Operation Purple 是专为参与伊拉克战争的士兵的子女建立的营地。该营地由塞拉俱乐部赞助，旨在帮助他们通过接触大自然来治愈创伤。这种露营经历使他们有机会“远离战争的烦扰”。孩子们学习了如何与其他有类似经历的孩子一起，在低风险、宽松的环境中应对艰难的挑战。他们有机会看到、触摸、感受他们的父母在伊拉克战场上使用的一些军事设备。例如，他们可以亲自感觉一个防弹背心的重量，这样他们就知道他们的父母在战场上的确有一些保护措施。他们还练习了在其父母不在或无能为力的情况下如何寻求他人的帮助，并锻炼自己的适应和复原能力。

生态系统同理心

生态系统是指各生物处于平衡状态，或者说，至少在情况良好时，处于平衡状态。生态系统不是可以解决的问题，也不是可以控制的机器，而是需要呵护的生命系统。

未来十年，全球的首要问题可能是食物、能源和水。这三者相互关联，都充满了各种困境。

不过，我们有机会把这些困境转化成新的思维方式。比如，最近，我在位于奥斯汀的得克萨斯大学商学院上一门叫做“社会利益营销”（Maketing for social Profit）的课程。这个课程名称非常有趣，其中的“利益”虽然意义更广，但依然在很大程度上属于传统的利益动机范畴。社会利益是指包含正面社会影响在内的经济回报，一般都涉及创造共有资产。

本书插页上的预测地图上所说的“蓝色经济（Blue Economy）”就代表水。在我们努力解决渔业危机、寻找新能源以及试图应对全球性气候灾难的过程中，水将是经济发展和环境环保的焦点。有些共有资源数量有限，目前已经比较紧张；其他一些资源可以利用新技术进一步发掘，以实现更大利益。生态系统中有很多不同形式的困境，这些生态困境可以在创新机会和创新实践方面给我们带来启示。

海洋是全人类共有的，没有哪个国家、地区或个人真正拥有海洋，但我们人人都要依靠海洋。陆地和海洋相接的潮汐带将成为困境的焦点，而且这些困境很有可能在未来20～40年间进一步恶化。例如，科技与海洋合作交流组织（Communication Partnership for Science and the Sea）就是由科学家组成的旨在促进海洋保护、公共利益和海洋政策等领域间相互了解的组织，其使命是加速合作以共同应对挑战。该组织的建立源于他们对海洋及其为人类提供的价值的强烈同理心。

生物同理心和食物

成立于2000年的先正达公司是一家专注于可持续性农业领域的农业科技

公司，主要致力于种子和植物保护。种植各种作物的农民都是他们的客户。

先正达的愿景饱含了生物同理心：激发植物潜能，焕发精彩生活。下面是先正达的制胜主张：

> 未来20年，世界将增加20亿人口。随着中国等国家消费越来越多的肉食，人们对卡路里的需求将增长得越来越快。
>
> 在世界的很多地方，农业用地非常有限，水资源也很短缺。所以未来的农民必须在有限的现有自然资源的情况下生产更多的食物。与此同时，他们还要继续种植棉花等作物。发展农业时，也必须保护环境，比如减少温室气体的排放、保护自然栖息地、避免开垦过度。
>
> 这意味着种植者必须增加单位面积的产量，而我们的产品将帮助他们实现这一目标。
>
> 激发植物潜能，焕发精彩生活。

先正达利用植物科技，以充满生物同理心的方式解决了食品生产所面临的挑战，在食物网中间创造了商机。截至目前，该公司营运情况良好，也为其客户创造了价值。

未来十年，食品困境将进一步扩大，同时也将加剧贫富差距。虽然很多人食不果腹，但有的人却营养过剩。没人知道如何解决该困境，但很多领导者会想出创造性的办法来扭转这一困境。过去几年，诸如“100—英里食谱”“locavores（指只吃当地出产的食物的人）”等概念非常流行，这些理念在某些地区、某些季节也实际可行。虽然目前人们对于当地食物的关注可能转瞬即逝，但他们在这方面的兴趣实际上也反映了他们对食物来源的重视。人们希望知道他们吃的食物是健康的，而如果食物是当地种植的或他们知道食物的来源，他们就会觉得更健康。此外，人们也想节省能源，而本地食物不需要运输，所以消耗的能源会更少。

未来，食物网将取代食物链。分销食物的线性、机械流程将被循环、有机、灵活的食物网所取代。食物网是由植物和动物交织而成的复杂、相互关联、相互依存的关系网络。食品公司一般都用供应链来分销食品。现在，很多公司把这种链条称为“供应网络（Supply networks）”或“供应网（Supply webs）”。这些网络将受到全球气候变化、过度发展、工业废料的挑战，但它们同时也变得越来越牢固。

体育场的生物同理心

斯科特·詹金斯（Scott Jenkins）是另外一个具有强烈生物同理心的商业领导者。他曾在威斯康辛大学学习建筑管理，也学过一些环境方面的课程。他特别喜欢户外运动，小时候，经常沿着密歇根湖跑步。虽然他在环境可持续性方面受过的专业训练不多，但对此却充满热情。他的生物同理心并不是通过上课习得的，而是在生活中获取的。

我觉得塞弗科体育场是在家庭友好度方面与迪士尼最像的体育场。如果你在那儿说脏话，你就会受到一次警告，如果再犯，就会被请走。那里的规矩是，一切言行必须符合 7 岁儿童的标准。塞弗科体育场的行为准则在公园内的很多地方都有显示，如果你违反了，将被红牌警告，上书：“塞弗科体育场的行为准则要求所有顾客尊重他人，不得使用不文明或侮辱性语言、猥琐动作或实施其他侮辱性的行为。如果你拿到此牌，证明你已经违反了本准则。请将此牌看做我们的友情提醒。希望你观赛愉快，但也希望你能让他人和你一样愉快。如果你不听劝告，继续实施侮辱性行为，我们会把你请出会场，并不予退款。当然，我们不希望这么做，请大家自觉。”

对斯科特·詹金斯来说，对家庭友好其实就是对环境友好。生物同理心不光指对人，也指对植物和动物的同理心。当他第一次来到塞弗科体育场时，詹金斯问大家（在该体育场举办一次赛事需要 2000 人来支持），整个体育馆运营一天需要耗费多少能源。当时，没有人知道答案，包括他本人在内。但现在，大家都知道这个问题的答案。詹金斯引入了反馈系统，让员工随时了解能源耗费情况，并对于节能行为进行奖励。塞弗科体育场正在为给其员工和粉丝提供实时反馈而寻找新的途径。

詹金斯在改善家庭体验的同时，非常重视绿色环保，但他意识到要实现这一目标还有很多路要走，而且很多行为必须进行改变。詹金斯自己每天都骑自行车上下班，他买的第一辆车是本田 CRX HF——最早的混合动力车之一，平均 50～60 英里/加仑。他还开过一段时间普锐斯。他告诉我说，他开车时，会在不影响他人的情况下，尽可能地放慢速度。现在，他开的是日产聆风电动车，非常节能，只要花 4 美元充电，就能跑 300 千米。“未来就在眼前，只是人们还没有意识到而已。”他这样说道。

一次，我和詹金斯在赛前沿着体育场散步，每次看到垃圾，他都会弯腰去捡。他还教育员工对会场内的清洁负责，这也是迪士尼员工必须遵守的一个行为准则。

塞弗科体育场员工得到反馈的另外一个途径是通过“秘密顾客”。西雅图水手队会雇用一些伪装成普通观众的“特殊顾客”观看每次比赛，并就他们的体验和感受进行反馈。该反馈结果不是用来评估员工的工作表现，而只是为了鼓励员工，让他们的行为方式变得更加友好且环保。西雅图水手队的 GAME 计划就明确体现了这一点：

· 顾客第一；
· 态度决定一切；
· 创造美好回忆；
· 人人都是主人翁。

公司鼓励员工不断改进，并会因为在这些方面表现良好而受到相应的奖励。这些秘密顾客期望的实际上就是所谓的充满生物同理心的行为，尤其是对棒球球迷的同理心。

水手队“创造美好回忆”这条原则与迪士尼鼓励员工为顾客创造神奇的体验有异曲同工之妙。他们这么做并不是为了责备某人，而是为了给他们期望的行为进行快速反馈。这对于员工来说极具激励作用，因为他们不光有了为顾客创造美好回忆的成就感，同时还能就他们的友好程度迅速得到反馈。

在塞弗科体育场的家庭友好战略和愿景中，生物同理心非常重要。当员工知道了如何节省能源，并能在节能时立即得到反馈时，节能行为就大幅增加了。这是通过行为改变及制定一套新的工作准则来实现的。塞弗科体育场鼓励员工像对待自己家一样对待体育场。

产品及流程方面的变革也起了一定的作用。赛弗科体育场现在装配了很多瓶状的回收箱，上面印有其 Logo——“Captain Plastic”，以号召人们“加入绿色的队伍”。最近，Captain Plastic 又多了一个帮手，名叫 Kid Compost，主要教小朋友循环利用废品的好处。（见图 15、图 16）例如，饮料罐不再使用以石油为原料的确业制品来制造，而且可以回收利用。

图 15 和图 16（左图和上图） Captain Plastic 是塞弗科体育场注重环保和可持续发展的象征，他教小孩子学会对物品进行循环利用

这些行为上的转变都是在塞弗科体育场的家庭友好战略下实现的。这种生物同理心源于家庭，尤其是孩子。在塞弗科体育场，对家庭友好就是对环境友好。现在，这些理念正在通过詹金斯帮助创建的绿色运动联盟在其他专业体育场所广泛传播。

狗和生物同理心

西泽·米兰（Cesar Milan）是《狗语者》（The Dog Whisperer）——美国国家地理频道收视率超高的节目——中的大明星。他的名言是：没有有问题的狗，只有有问题的人。诚然，米兰是一个善于表现和塑造故事的人。不过，抛开故事本身，米兰其实促进了跨物种的交流，在狗和人之间建立了新的关系。

米兰对狗展现出了很强烈的生物同理心。从他在墨西哥的某个农场出生起，就没离开过狗。他与狗生活的经验让他非常了解狗的需求：锻炼、纪律和情感。这三点清晰明了，但具体如何实施却有很大的灵活性。我们每个人都需要锻炼、纪律和情感，但不一定是按照这个顺序。不过，狗和人有很大不同，但人们却常常忘记这一点。狗活在当下，而且看上去完全专注于它们当前正在经历的体验。

米兰让狗真正做回自己，但必须遵守一定的前提条件；他不训练狗，而是让狗恢复其本性。他对人进行培训，帮助人们培养起对狗的生物同理心。与狗打交道的人必须问自己这样一个问题：我在传达什么信息？当然，领导者也应该问自己这个问题。米兰认为领导者传达的信息必须是镇定、自信，而不是紧张。

正在我写本书时，亚当·哥普尼克（Adam Gopnik）写了一篇名为《狗的故事》（Dog Story）的文章，以回顾《纽约客》（New Yorker）的历史。这个故事是在他送给10岁女儿的狗的启发下写成的。哥普尼克告诉我们，我们对狗有生物同理心，而它们也会对我们有同理心，而且有些狗非常善于揣测我们的心思。哥普尼克提醒我们，狗是3万年前由狼进化而来的，它们能教我们融入自然，帮助我们培养生物同理心：

所以，狗既属于狼的世界——它源自的地方，也属于人类的圈子——它后来回入的地方。现在，狗已经让人们对它满怀同理心，当它眼巴巴地望着我们，希望我们给它晚餐时，几乎没有人能够拒绝。

如果你学过生物学，就会更容易理解生物同理心的重要性。如果你没学过生物学，但是很想学，那就养只狗吧，它能教给你很多东西。

本章小结

培养生物同理心的方式有很多，但第一步是倾听、观察并欣赏我们周围的自然过程。生物同理心能改善人与人之间的沟通。每个组织的指导原则都必须反映其生物同理心，并通过有机，而非机械的语言来进行表述。生物同理心要求我们具有全局思维，尊重相互关联的各个部分和非线性关系，同时尊重变化过程。

生物同理心来源于人们对自然及其规律、联系和弹性的理解。培养生物同理心的一个有趣的方式是阅读儿童读物，比如 DK 出版社（Dorling Kindersley）出版的书。培养生物同理心随时都可以开始，什么时候都不会为时过晚。

第六章 建设性和解

建设性和解（Constructive Depolarizing）是指在分歧严重、沟通停滞的情况下，缓解紧张气氛，把来自不同文化背景的人团结在一起的能力。

过于极端从来不会带来什么好结果。

——禁酒令时期某牧师

神经病学家罗伯特·波顿（Robert Burton）一直在钻研有关确定性的神经学。他写道：不论确定性是什么感觉，它既不是有意识的选择，也不是一个经过深思熟虑的过程。确定性和其他类似的“知道我们知道”的状态都源于大脑的无意识行为，就像爱和愤怒等情绪一样，不受理智的控制。

波顿的论述向我们展示了在未来十年，神经学将如何影响我们对领导力的理解。他那本有关确定性的著作的书名就颇具启发意义：《论确定性：永远相信自己正确》（On being lertain：Believing You Are Right Even When You're Not）。你见过的领导者当中，有多少人能做到这一点？

正如我在第二章中所述，清晰对领导者至关重要，而确定性却非常危险。在充满变化、不确定性、复杂性和模糊性的世界，很多人都会被“绝对”的事情所吸引，而领导者则要想方设法让意见分歧、相互挑拨离间的人团结在一起。

未来十年，人们对于确定性的需求会增加，因为在不确定时期，人们都急切地需要确定性。我认为清晰、确定但错误的领导者会增加。我期望出现更多充满热忱、自认为正确的领导者，坚定地倡导绝对性和确定性。这种领导者中，很多人都善良、诚恳，但依然危险。在充满变化、不确定性、复杂性和模糊性的世界，几乎没有什么确定性可言，绝对的事情更是少之又少。

现在，还没有什么指标可以用来衡量世界的变化、不确定性、复杂性和模糊性。如果有这样的指标，那固然有用，但即使没有，我们也知道未来十年将充满艰难。我确信未来肯定比现在更加易变、不确定、复杂、模糊，而且，我觉得如果领导者也这么认为，那情况就会更加安全。不过，未来世界是不是更加易变、不确定、复杂、模糊并不是最重要的，最重要的是未来的确将充满变化、不确定性、复杂性和模糊性。领导者必须学会如何在极度不确定的情况下进行领导。

外部环境中的不确定性越强，人们就越需要确定性。有关确定性的神经学很可能成为一个重要的研究领域，帮助人们更好地理解确定性和极端主义。

领导者在进行自我管理时将面临清晰与确定性相矛盾的困境。根据波顿以及越来越多的其他神经病学家的观点，大脑在理解确定性和领导力时起了非常重要的作用。在充满变化、不确定性、复杂性和模糊性的世界，领导者需要清晰，但同时也需要确定性。知道自己知道可能会很危险。领导者在对自己的所作所为保持清晰的头脑的同时，必须时刻提醒自己还有什么东西不知道，因为清晰包括知道自己还有什么东西不知道，而确定性却不包括。

在充满变化、不确定性、复杂性和模糊性的时代，很多不同的群体会确信自己是正确的，更极端的则认为他人都是错误的。我把这个称为“自以为是的临界点”。极端的群体将在没有任何模糊性或同理心的情况下，知道什么是正确的，但不幸的是，他们同时也确信其他人都是错的。

未来十年，极端的立场和分化将更加普遍。对于领导者来说，要团结那些极度渴望确定性的人将非常困难。

在两极分化的情况下，分歧异常明显，沟通也陷入瘫痪。在混乱无序的世界中，通常会有两种以上的不同观点以及很多利益相关方。在这种情况下，领导者需要建设性和解能力来化解冲突和矛盾，让各方团结起来，重新对话。

在变革时期，困惑的人常常会受简单化的确定性的诱惑。当人们面临的混乱超出了他们承受的极限时，他们就会去寻求能立竿见影的解决方案。如果不确定性太大，确定性就成了合乎逻辑的心理反应，或者可能是一种精神需求。确定性不光是对外部不确定性的回应，也是对内心需求的回应。领导者应该展现出适当的信心，但与此同时也要对确定性过度或错误的确定性提高警惕。

建设性和解的定义

建设性和解是把创造本能用于解决冲突，以期将分化转化为对话。建设性和解始于缓和紧张气氛。通常，两极分化的冲突都属于困境，而不是可以解决的问题。

当领导者遭遇冲突时，很多人都倾向于在冲突方中进行选择，但这并不是好的策略。建设性和解是一部情节跌宕起伏的戏剧。分化的冲突虽然看似是一个非此即彼的选择，但事实并非如此。

文化人类学、社会学或比较宗教学对未来领导者很有帮助。而且，跨国旅行、在很多地方生活也和语言技能一样有用。托马斯·弗里德曼（Thomas Friedman）的观点——“世界是平的”——从某种意义上来说，有一定的道理；但世界同时又是参差不齐的，有各种不同的文化特点、宗教信仰和经济压力。领导者对文化多样性越宽容，就越有可能在多样且分化的情况下进行领导。

未来领导者应该具备跨越不同文化的技能以便建设性地进行和解，向与自己完全不同的人学习。有时候，这种不同可能并不太容易让人接受。从这个意义上说，优雅就是指像优秀的舞蹈家一样灵巧和泰然自若。这种能力要求你体谅和尊重他人，不论他们是否值得被体谅或被尊重。优雅的领导者都善于和解。这让我想起了《无声的语言》（The Slient Language：An Anthropologist Reveals How we Cominunicate by our Manners and Behavior）一书的作者——美国人类学家爱德华·霍尔（E. T. Hall）。霍尔认为：文化就是沟通，沟通就是文化。文化的“无声语言”始终是隐藏起来的，但霍尔给领导者提供了一些有用的建议：我们必须学会理解沟通的非意识层面，永远不要以为我们完全清楚我们向他人传达的信息。

霍尔曾就职美国国务院，帮助外交官们理解并学习他国文化。现在，跨文化领导力比霍尔当年出版《无声的语言》这本书时要复杂得多。“跨文化”不光指种族、国家和宗教信仰方面的差异，还包括年龄、性别、残疾和其他方面的差异。分化最容易在不同的文化中发生。建设性和解指的就是超越任何在文化、国家和种族等方面的差异和障碍，保持优雅。

未来的困境

未来十年将充满多样性和分化，而这在很大程度上都与不断扩大且日益明显的贫富差距有关。不过，穷人和富人之间有一方面的差距正在缩小，即穷人也可以获取一些廉价的数字化工具。通常，极端群体比较擅长网络组织，也就是说，即使很小的极端群体也能造成非常大的影响。例如，廉价且无处不在的手机可以让大家联合在一起，表达他们的心声。

毫无疑问，十年后，绝大多数事情都会带有全球化和跨文化的一面，每个人都会看到我们之间的差异。人们将很难遇到完全本地、简单、同质的情境。例如，内布拉斯加州奥马哈市的阿勒简特保健公司（Alegent Health）的前 CEO 曾经到未来研究院就阿勒简特保健公司在全球健康方面的工作进行演讲。我问他，一个内陆地区的医护人员为什么会对全球健康问题如此热心，他说：“因为世界各地的飞机都会飞到奥马哈。”的确，飞机增加了流行病的概率。当地机构通常都有全球供应商，即使其员工并不知道他们与外界的联系如此紧密。全球问题必定会给那些自认为与全球化无关的人带来深远影响。中国的食品安全问题看似与美国非常遥远，但如果我告诉你，奥马哈当地食品中有些原料可能来自中国，你就不会这么想了。

信仰中的分化

教区捐赠共同体（The Consortium of Endowed Episcopal Parishes，CEEP）由美国圣公会教堂组成，是全球安立甘宗（Anglican）（基督教新教三大主流教派之一）的一部分，也是全球最大的社会网络之一。安立甘宗是一个流散群体，虽然群体中的个体相互之间有很多不同，但却因为相同的价值观而紧密地联系在一起。但具有讽刺意味的是，圣公会教堂也遇到过分化问题。

圣公会遭遇的分化问题起因于对同性恋主教的任命。人们对于是否应该任命同性恋主教的争论引发了有关神学、心理和性等方面的问题。人们很难不带任何情绪地讨论这些问题，有时甚至会带有非常极端的情绪。在这种情况下，分化非常严重以致相互之间很难对话。每一方都确信自己正确，从而让整个群体四分五裂。

圣公会教堂让未来研究院做一个十年预测，预测圣公会教堂在未来十年将面临的一些主要外部力量。图 17 就是该预测的一部分。我们的预测旨在激发教堂人员之间的讨论，讨论的内容不光局限于目前的冲突，还涉及人们相互之间有哪些共同点。虽然，我们的预测是否有效还有待验证，但全美各地很多教区都在使用该预测来激发教徒们的讨论（见图 17）。

我相信，如果人们都能后退一步，往前看，预测就能把分化的人们团结在一起，重新对话。不过，要重新对话，必须找到一个内在的逻辑。

圣公会素来以开放和虔诚而闻名。对未来外部力量的十年预测就能为大家提供一个激发内部建设性对话的环境。

每十年，圣公会都会为主教举办为期 19 天的峰会。2008 年，兰柏会议在位于坎特伯雷的肯特大学举行。每个人心里都想着任命同性恋主教一事。来自新罕布什尔、公开同性恋身份的基恩·罗宾逊（Gene Robinson）主教未被邀请参会，但却获准参加另外一个会议，与来自世界各地的主教进行交流。为了表达对任命同性恋主教一事的不满，150 名主教决定拒绝参加大会以示抗议。

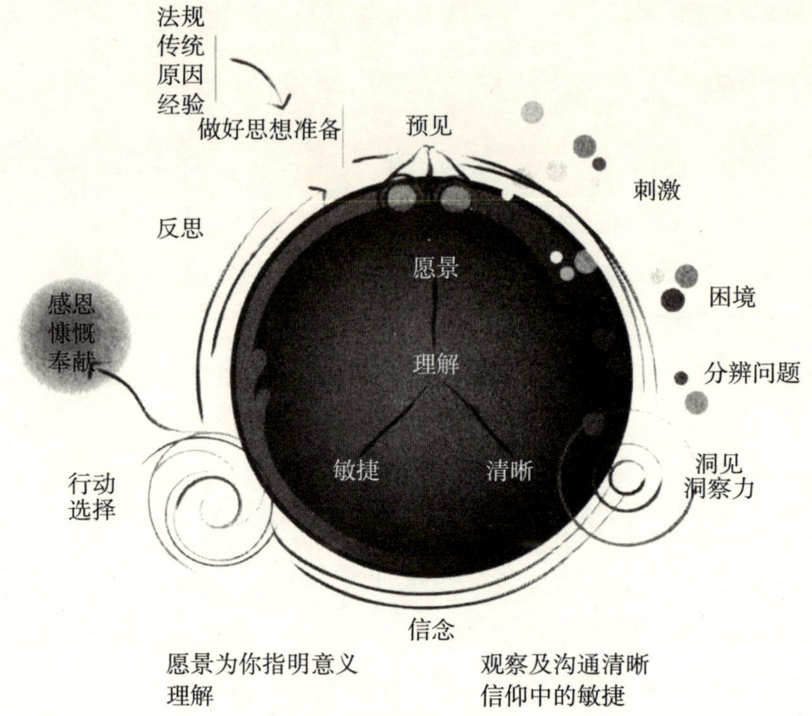

图 17　调整后的预见—洞见—行动循环

图片来源：未来研究院。

此次大会主要关注建设性和解。虽然教会面临分裂的风险，但大会的目的是为了向与会者及其不同的表达信仰的方式表示敬意，这样世界各地的主教才能相互了解。他们这样做是为多样性奠定基础，这不光对圣公会有益，也能让任何希望建设性地和解冲突的人受益匪浅。

大会采用了非洲祖鲁人的一种方法，以便大家聚集起来，讨论问题。为了让大家减少分歧，会议一开始就把大家随机分成 8 人圣经研究小组，阅读由坎特伯雷大主教挑选的约翰福音中的部分语句。接着，8 人小组汇合成 40 人小组，其中包括一名倡导者、一名记录员和一名听众。

组织这些小组的目的是为了让参与者相互之间建立联系，而不是为了说服他人接受自己的观点或立场。虽然和西方常用的方法类似，但我希望这种来自非洲的方法能够促进发达国家和新兴经济体之间的沟通和交流。很明显，非洲主教们是此次活动远道而来的客方，但活动使用一种他们熟悉的方法能让其感受到人们对他们的信任。主要调解人之一迦南格·雷戈瑞·卡梅伦（Canon Gregory Ggamerson）这样说道：

> 没有哪个机构不存在内部冲突，包括教堂。重要的是，机构能够内部统一，从而实现其目标。我们的挑战是驾驭好教堂生活中最好的东西，这样我们就能对自己以及对世界有个交代。

此次会议的目的是为了把圣公会信徒凝聚起来，形成一个网络，同时给大家自由发表观点的空间，允许信仰之间的细微差别。

分组讨论的过程鼓励大家不要草率下结论。当然，很多与会者在到会之前都有一些先入为主的想法，但会议的开场为大家提供了相互沟通和了解的机会，帮助大家进行反思。

兰柏会议向我们展示了未来十年我们都有可能经历的情况——建设性和解。此次会议的成果究竟如何我们暂且不说，至少这个会议让主教们开始相互对话，进行有建设性的讨论。

民众对化解分化的贡献

现在，促进合作的技术越来越先进，可以帮助我们把分化的两极联系在一起，并解决一些有争议性的问题。雷尼·林德是研究计算机辅助会议的先驱之一，于1985年创立了CoVision公司，旨在“通过高效会议，汇集群众智慧”。在会议中，训练有素的引导员能够鼓励大家广泛参与，帮助与会人员整理出大家共同关注的问题并在此基础上制订行动计划。与会人员还能通过网络媒体进行互动和讨论，让更多人有机会表达自己的观点。

例如，2005年，CoVision和AmericaSpeaks联手通过网络媒体手段，为在纽约举办的“克林顿全球倡议大会”召集了上千名参与者。会议的议题主要集中在四个方面：能源和气候、全球健康、扶贫、缓解宗教及种族冲突。会议的主席由美国前总统克林顿担任。全球领导者和政府高官、公共和私人事业专家、社会名流、商业领袖、亿万富翁、慈善家及其他要人同聚一堂，共同商讨世界面临的主要问题。通过此次会议，人们达成了很多行动意向，并募集了大量资金。

未来十年，我希望类似的会议或活动能够越来越多。这种由新媒体技术辅助的方式能够突破传统的面对面方式的一些局限，让多样化的群体聚集在一起，进行建设性和解。

战争中的分化

在某次陆军军事学院举办的民用/军用研讨会上，我让两位分别来自哥伦比亚商学院和陆军军事学院的战略学教授准备一个有关战略入门的演讲。演讲之前，我让他们交换了PPT，用对方的PPT来进行自己的演讲。之后，我组织大家进行讨论，对比商业中的战略和军事实践。

商业和军事领域的基本概念和原则有很多相似之处。例如，指挥官意图是军事战略的基础，与企业的制胜主张和战略意图非常相似。不同的是，军事战略比商业战略要复杂得多。军事战略中牵涉的变量和相关因素很多。而且，除了复杂性，军事战略还关乎生死。

如果军事冲突涉及宗教信仰，情况就会更加复杂。近几年，我一直都很欣赏所谓的“基于信仰的外交”。来自对立双方的宗教代表共同分享各自信仰中有关宽恕和和解的信条。双方都在寻找彼此之间的共同点。当然，信仰的介入会让有关战略的讨论变得更加复杂，但也会帮助双方达成一致。

所以，在军事环境下，尤其是关乎生死的情况下，进行建设性和解会更加困难。领导者需要建设性和解，但他们还需要超越战争、帮助人们维护和平和建设国家的外交技能。在一次陆军军事学院举办的交流会上，我遇到一名刚从伊拉克回国的士兵，他在伊拉克的任务是挨家挨户向伊拉克人民宣传民主。想想就叫人抓狂！当然，他接受过的军事训练并不是教他如何挨家挨户宣传民主，但这是他的任务。这种挨家挨户进行交流的过程就是美国人试图和解、改善紧张局面的方法，而这位青年也试图成为建设性和解的媒介。我遇见他时，他正在阅读《古兰经》，希望通过阅读此书来了解伊拉克人。当然，美国士兵和伊拉克人民之间的这种接触可能不会抵消战争带来的负面影响，但无疑是化解这种紧张局面的一种手段。

正常与非正常的分化

当今社会的一大分化就是“正常人”和“非正常人”之间的区别。身患残疾的人被社会及相关政策边缘化。专门针对残疾人设计的产品、服务和技术通常被人们看做是善举，而不是市场行为。过去十年，针对残疾人士的公共政策几乎没什么进展，也没有人来重新定义什么属于“正常”。在这种情况下，残疾人士对他们和正常人之间的差别体会就更深了。

未来十年，人们对“正常”的定义会发生很大变化。如果说伊拉克战争有什么益处的话，那其中之一就是它促进了医疗科技的发展。的确，科技的发展可以让我们变得比正常情况更好，不过到底好多少，还取决于你对“好”的理解。比如，一些新药物可以让人长时间保持清醒。有钱人可以通过了解自身的基因情况来更好地保养他们的身体。

残疾人士可能提前体验了未来世界，而且由于他们已经经历过变化、不确定性、复杂性和模糊性带来的挑战，他们可能比其他人更容易适应未来世界。创新更容易源于边缘地带，而非主流。

通过 YouTube 进行建设性和解

在一次 BBC 采访中，约旦王后拉尼娅（Rania）这样说道：

> 暴力已经战胜了对话，同情已经被愤怒完全侵蚀。我希望这次采访能够成为东西方交流的一个途径，因为我觉得这是我们的世界目前所缺乏的……作为穆斯林，我们必须勇敢地站起来，告诉世界我们是谁。如果我们想改变人们的偏见，我们就必须重新定义自己，而不是默无声息，期望人们自动摒除偏见。

建设性和解需要认识和了解自己，同时还要能够选择合适的媒体方式，有效地进行跨文化沟通。

正如拉尼娅皇后所指出的，伊斯兰教有很多不同的分支，每个分支都有不同的信仰。但外界却并不了解，他们只看到一个群体，而看不到群体内的不同分支。类似的偏见是非常危险的，因为它们犯了过度简单化的错误，有时容易引发极端行为。

2008 年，拉尼娅皇后利用 YouTube 向世界介绍伊斯兰教的信仰和穆斯林传统，并欢迎大家提问和发表评论（见图 18）。

图 18　约旦王后拉尼娅在 YouTube 上有一段视频，向公众澄清伊斯兰教的信仰和穆斯林传统

图片来源：已获得 Ghada Al－Shami 使用许可。

拉尼娅皇后的举动能带来什么影响目前还未为可知，但这种利用新媒体来建设性地和解伊斯兰与外界的紧张关系的做法的确令人振奋。

寻找共识

CCL 的恰克·佩卢斯（Chuck Palus）和威尔弗雷德·德莱斯（Wilcred Drath）一直在研究建设性和解，并探讨将“寻找共识”作为缓解紧张关系、寻找新出路的一种方法。CCL 研发了可以用来充当“共识”的 card decks 应用，来帮助建立具有建设性的对话：

在应对复杂挑战方面，对话非常有用。在现实生活中，除非对话已经在进行之中，否则很难发起。但寻找共识一直都是建立对话的有效方式。

CCL 的 card decks 应用及其周边的流程为深陷冲突的人们提供了重新团结起来的机会。如果他们能够暂时放下分歧，寻找共识就能让他们重新审视自己身处何处、可能去向何方。建设性和解就是要对可能的情况进行重新思考。而什么可能、什么不可能则在很大程度上取决于你的视角。

本章小结

上对下辅导的确很好，但下对上辅导更好：它虽然简单，却是把对立面连接起来的有效策略。

现在，很多创新型机构都在进行下对上辅导，收效颇丰。例如，年轻的科技达人指导那些高管级别的科技菜鸟；经常用 Facebook 的年轻人向年长的经理人传授社交网络技巧。传统意义上，导师通常指经验丰富、年龄较长的人，他们给年轻、经验较浅的人提供指导。但在年轻人更擅长的领域，比如新兴社会媒体，为什么不能倒过来呢？领导者和即将成为领导者的人应该积极寻求这方面的机会。

角色互换一直都是解决冲突和分歧的基本技巧之一，其主旨就是从另外一个角度看问题。建设性和解要求人们仔细倾听他人的观点和想法以便相互沟通和了解。在和意见相左的人进行交流时，我们应该发掘人性中的共同之处并予以强调。

不过，缓解紧张只是第一步，找到前进的方向和道路会更加困难。领导者必须在缓解紧张的同时，在冲突中找到突围之路。

极端分化将成为驱动未来的一股力量，所以领导者需要一种建设性和解的个人策略和风格，而不是简单在分化的两者之间进行选择。

第七章 低调透明

低调透明（Quiet Transparency）指的是在不过分自我宣扬的情况下，以开放和真实的态度对待重要事情的能力。

《创新》杂志的名言——“如果你没有真正了解某个东西的时候，就无法拥有它”——表达了人们对透明度的需求。透明其实根植于创造本能。人们一直都对制造东西充满好奇和兴趣，而且这种好奇和兴趣今后还会大大增强。他们想知道制造原料从哪里来？采用了什么安全标准？工厂的环保程度如何？工厂的工人是谁？他们的待遇如何？低调透明对建设性和解也非常重要。要做到低调透明，首先要安静、愿意倾听、缓解紧张氛围，同时倾听未来。

诸如传感器、无线网络之类的新技术将有助于改善透明度，不管领导者是否希望这样。透明度并不像表面上看起来那么简单或者令人向往。虽然，透明度增强不可避免，但人们对透明度的定义却不尽相同。

在产品生命周期的每个阶段，公司及其领导者都需要做到透明。如果领导者不透明，他人可能迫使他们透明，而由此得来的透明很可能既不准确，也不容易让人接受。如果你自己不衡量自己，就会被别人衡量。“衡量还是被衡量”是目前流行的一句话，但“衡量同时被衡量”可能更加准确。

例如，现在，很多零售商销售产品时都要求对产品进行碳足迹评估，用来衡量产品对环境的影响，这样，潜在的消费者就能利用该评估来进行购买决策了。不过，碳足迹无法绝对准确地进行衡量，只能粗略计算。

碳足迹的计算取决于产品生命周期的具体情况。例如，清洁剂的碳足迹在各个国家就各不相同，因为每个国家生成能源的方式不同，关键的一个变量是使用清洁剂时的水温。

一个简单的碳足迹号码是建立在若干假设的基础之上的，很多假设连阅读这个标签的人都不知道。碳足迹的计算到底是否有用还有待商榷，它只是人们对透明度的需求的一种体现。

消费者希望能够通过一种简单的方法来衡量产品对环境的影响，于是，零售商就努力满足消费者的需求。生产者基本上只需尽力向不同的利益相关者提供不同的数字。很多时候，公司可能为某个不简单事情提供了一个简单的数字。幸运的是，我们的透明度提高了，不过，我们可能不知道该透明度能告诉我们什么。透明更像是一个困境，而不是问题，因为几乎没有什么是大家公认完全透明的。

低调透明的定义

低调透明源于谦逊。领导者应该谦虚，而非自我吹捧。同时，领导者还应该仔细倾听，公开信息。你为什么这么做？有什么重要意义？越来越多的人将会对领导者的所作所为及其原因很感兴趣。

低调透明不局限于传统的命令及控制型领导风格，这种风格遵循的是“需要知道，才告知”的原则，即除非你必须知道某事，否则就不会告知。但在透明世界，我们都能获取各种信息，即使我们并不需要。未来，领导者可能会愿意公开任何信息，除非某些信息必须要隐瞒。当然，隐瞒可能非常不易。

无论透明度如何，领导者都必须放松控制。他们必须决定他们能管理什么、想管理什么，因为他们不可能事事都亲自监督。很多时候，领导控制只是幻觉。很多高管在身居高位之后才发现，他们拥有的权力并没有之前想象的多。未来，想要控制几乎不太可能。

所有领导者都需要一定程度的透明，而且透明程度肯定胜于从前。在这种情况下，保留一些秘密虽然可能，但肯定非常有限。例如，商界领导者或许能够比政客或名人更好地保护其私人生活。

透明的含义通常可以由评估透明的人来定义，而不是由被评估人或机构来定义。通常，领导者不能决定他人如何衡量其透明度。如果客户、消费者或公众认为必须对某些事情透明，那么领导者就必须用一些他人可以信赖的衡量指标和结果来妥善回应。低调透明需要领导者和被领导者之间的信任，如果领导者不受大家信赖，他就不可能透明。

透明还关乎真实性，就像乔·派恩（Joe Pine）和吉姆·吉尔摩（Jim Gilmore）在其著作《真实性》（Authenticity）中所说。派恩和吉尔摩自创了“体验经济”这个术语，用来指经济发展的整体方向：从产品到服务，再到体验，再到个人转型。离产品越远、越靠近转型，真实性就越重要。领导力的真实性可以激发信任，它不但可以让追随者们在领导者的身上看到自己的一点影子，还能看到激励他们不断进取的一些东西。

CCL 的凯丽·邦克（Kerry Bunker）曾这样描述真实性的重要性：成功的领导者比以往任何时候都更注重能够帮他们带领他人渡过难关的技能和经验，而不是全知全能。他们更关注复原能力和开放。

为了进一步强调 CCL 对于培养真实领导力的关注，该中心研发了真实领导力悖论方向盘（见图 19）。该图显示，过渡时期，领导者必须平衡“与变革管理相关的六个看似互相矛盾的领导素质之间的动态关系。”

真实、开放和复原能力缺一不可。CCL 的项目包括 360 度测评，帮助领导者学会如何在复杂的情境中进行领导，并通过尝试不同的方法找到他们独特的领导方式。

低调透明与名声、知名度关系不大。领导者不一定非要是名人才能成功。有时候，成功和知名度反而是成反比的，最杰出的领导者通常很少因为他们带来的变革而受到赞扬。

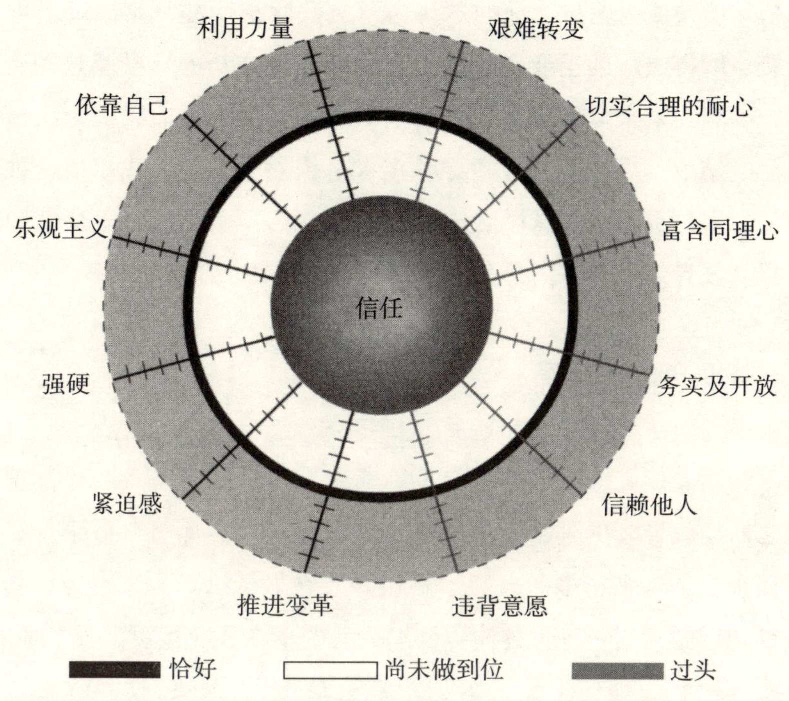

图 19　真实领导力悖论方向盘

图片来源：CCL。

在未来研究院，我们发现这样一条规律：很多备受大众追捧的知名专家往往不太擅长预测未来。过去，未来研究院组织专家讨论时，我们通常都会邀请某领域最知名的专家。但我们很快就发现，预测未来的能力并不与知名度成正比。曝光率及知名度太高的人通常会受到来自各方的压力，比如观众希望他们“老生常谈”，一遍遍重复已经讲过的东西。现在，我们举办专家讨论时，只邀请那些尚未成名或对成名不屑一顾的专家。

那些习惯了闪光灯的人常常会变得得意忘形，丧失预测未来或创造未来的能力。当然，也有一些名人是非常伟大的领导者，但要做到这一点非常困难。或许，低调透明面临的最大挑战是如何在不变成名人的情况下成为伟大的领导者。毫无疑问，这是个困境，因为成功的领导者离不开“名气”，但他们必须抵制成为明星的诱惑。

我发现有些踌躇满志的领导者并不希望低调透明。很多领导者或潜在的领导者依然希望成为明星，他们不认为“自我吹捧”是坏事，反而把它看做是往上爬、取得成功的重要手段，而且他们衡量成功的标准就是知名度。但我相信，要想在未来取得成功，就必须依靠谦逊的力量。我认为明星领导者的时代已经结束。当然，明星领导者在未来依然存在，但我相信这种领导者并不常见，而且也不会长久。在未来充满变化、不确定性、复杂性和模糊性的世界里，领导力和知名度会有所分离。

低调透明的困境

未来，随着保证透明度的工具——感知、衡量和监督——变得越来越无处不在，对于领导者的外部审查也有可能越来越多。而且，似乎现在需要透明的东西很多，越来越多的人想了解领导者在做什么。未来，他们会有相关工具帮助他们做到这一点：各种衡量工具无处不在，连接着世界各地的人们。在社会媒体时代，任何不良行为记录都会被保存，并在某些时候被人发现（即使可能要过很久才能被发现）。

改善透明度的新技术

“普适计算”这个概念已经提出很多年了，但未来十年，计算肯定会变得更加普遍，真正达到无处不在的程度。未来世界，各种物体、活动以及人们生活的很多方面都会与各种感应器、驱动器和信息处理器密不可分。

计算无处不在的世界将和现在非常不同：很多现在不可见的东西将通过各种衡量设备变得明了可见。普适计算意味着在很多情况下，透明是强制的，不论低调与否。公民组织领导者以及社区的草根居民的行动将设定衡量透明的具体标准。不幸的是，透明并不意味着精确。如果一切都可衡量，有时候就很难解释衡量结果了。而且，操纵这些衡量结果来支持自己的观点也会变得更加容易。

例如，市民可以监控自己的身体、空气质量，以及其他很多他们认为重要的变量。普适计算网络的基础结构没有中心，它从边缘开始发展，而且不受控制。

如果衡量工具无处不在，那一切都将可以衡量。不过，到那时，人们将很难分辨透明度的真假。普适计算为衡量透明度提供了工具，但他人将影响这些衡量工具的使用方式，包括监管者、倡议组织和被衡量的人。

麦克尔·肯劳依（Michael Conroy）在其著作《品牌！认证革命如何转变全球企业》（Branded! How the Certification Revolution Is Transforming Global Corporations）中深入探讨了这一问题。非政府组织正在研究监控和评估企业的新方式。企业的全球品牌及影响力使单个国家很难进行监控。非政府组织正在引入新的认证系统：公平贸易认证监管咖啡和巧克力；海洋管理理事会倡导渔业的可持续发展；无害医疗和绿色医疗注重对环境的保护。特定的非政府组织的衡量对象取决于它们所倡导的价值观。

公司及其领导者将受到更多的关注和监督，但也会有一些跨公司或跨行业工作的新机会，建立一些认证范围内的新贸易公地。例如，行业协会将有新的机会来利用普适计算，为诸如安全之类的重要问题提供通用的衡量工具。虽然企业和非政府机构总有些矛盾和冲突，但我们依然有可能建立能让各方受益的共享资产。

转变的大趋势是从封闭变得开放，但转变的过程会很艰难。而且，不是所有东西都会变得完全开放。开源思维将成为未来发展的主要驱动之一，帮助人们不断改善透明度。低调透明意味着开放，相信如果你与他人分享好的想法，你将会得到更好的想法。开源逻辑告诉我们领导者应该做到开放、透明，同时，还应该用开源思维来提升竞争的高度。关于这一点，我将在第十章进行详细阐述。

有了开源思维和普适计算，你就会有很多与他人互动、交流和合作的机会。例如，人们对全球气候变化的关注要求他们必须监测气候变化的过程。这项任务将由一些新的群体来承担，他们能否顺利合作？答案虽未为可知，但前景非常乐观。

生态系统透明

现在，能源和环境都已经可以有效进行衡量了。想象一下，未来，当你经过每所房子时，你就能通过房子外面的指示器，了解它每年、每月、每日的耗能情况，甚至能精确到每分钟。不过，这个系统也引出了一些问题：谁来进行衡量？是否是自愿的？所有人都用同样的标准吗？生态系统的透明是低调的还是自我吹捧的，还是两者兼具？

现在，一些大规模环境感应工程已经开始实施了。例如，美国国家生态观测站网络（National Ecological Obiervatory Network，NEON）正在准备在全国各地部署生态系统监测站。麻省理工学院的媒体实验室正在整合各地的数据，以了解各大城市地区的能源耗费情况。澳大利亚联邦科学与工业研究组织（Commonwealth Scientific and Industrial Researd Organization）有专门的工具来监测居民的用水情况。这些是未来研究院从最近做的一项十年预测中得到的一些信息，我们相信，未来十年，类似的项目肯定会更多。

例如，越来越多的手机将装备各种感应器以收集信息。英特尔研究中心最近做了一项实验，用手机感应设备来监测某个城区、某栋大楼，甚至某个房间的污染情况。这样一来，由手机用户组成的庞大的移动网络就能派上新用场了。现在，污染情况只能由企业、政府或新闻机构通过设在城市或地区的中央感应器进行监测。在不远的未来，任何人都能随时监测空气质量，并发布监测结果，这对于那些被监测的地区可能并不是好消息。有了无处不在的感应器，环保积极分子、社区组织或健康机构就能组织市民对各种指标进行监测了，不过，监测结果的精确度可能会有所不同。

你将能够评估外部空气质量并追踪你的身体所能承受的污染物的量。未来研究院的杰森·泰斯特（Jason Tester）发明了一种手提设备，当室外的污染水平高出某人的承受范围时，它就会发出提示，建议持有该设备的人在10分钟之内进入室内以免身体受到过量污染。本地的健康医护人员、当地社区或宗教群体可以向居民提供类似的设备。根据我们的预测，今后，生态市民或生态消费者会越来越多，他们不但关心个人健康，也重视环境的可持续性。很多人将利用价廉物美的感应器自发对各种他们认为重要或危险的指标进行监测。

不过，这些生态监测系统也给我们带来了一大挑战：如何分析和解决监测得出的大量数据？透明预示着我们可以看清领导者和组织的行动，普适计算帮助我们对各种指标进行衡量，但谁来解读衡量结果？当然，各种政府机构、公司群体将对这些数据进行解读。组织将对被衡量的各项指标以及对衡量结果的解读进行不同程度的控制。不过，市民很可能被这些不断更新的大量数据所湮没。

低调的领导者

低调透明的领导者一般都不太擅长自我推销。这就是一个困境：领导者必须为人所知才能有效地进行领导；但他们又不能自我吹捧。对于一个领导者来说，一份让人折服的简历固然不错，但如果他人发现了有关领导者日常生活的细节，其影响力就会更强。实际上，那些不被人发现、可以低调地按照自己的方式进行领导的人往往是最有效、最快乐的领导者。

低调的领导者不会面临那些喜欢抛头露面的领导者所面临的压力，他们不在乎别人占尽风头、备受瞩目，但这也使他们的影响力受到了限制。所以，关键的困境是：如何在不进行自我吹捧的情况下，完全发挥你的领导潜力，并为众人所知？

在我认识的领导者当中，美国家庭与工作协会（Families and work institute）（位于纽约的非营利组织）的创始人兼总裁艾伦·盖林斯基（Eleen Galinsky）就是一位低调透明的领导者。她通过探索工作和私人生活之间的关系，弃用了“工作/生活平衡”这种说法，而把它称为“工作/生活导航”，因为平衡实际上是永远无法达到的。工作和私人生活之间的关系不是一个可以解决的问题，而是一个持续变化的困境，需要有效地进行管理。导航预示着管理过程中，必定有一些需要回避的障碍，但也有能够推动航行的规则，而且，针对做什么，也有很多选择。“工作/生活导航”这个词非常清晰，因为它一方面清晰地界定了事业所面临的各种生活上的选择，另一方面却为个人预留了足够的空间。

艾伦·盖林斯基个性活泼、活力四射，但她并不自我吹捧。她通过写、说和行动来传播她要传达的信息。家庭与工作协会为很多组织的人力资源战略作出了贡献，而且它很透明，与大家一起分享它的研究结果和方法论。艾伦和家庭与工作协会的风格都是低调透明的，她们投入、开放，却不吹嘘。

我和艾伦在一次会议中相识。相识后的第二天，我在《今日秀》节目中看到她在谈论一项政府出台的有关在家办公的新政策。每次，在工作和私人生活这个领域有什么新话题，艾伦都是被采访的对象之一。人们争相来找她，她背负盛名，却非常谦恭，从来不摆什么架子。她给我们树立了一个榜样：虽然是某个重要领域的权威人士，却非常低调。

添柏岚（Timberland）是一家低调透明的企业，它从不大肆宣扬自己绿色、环保，但熟悉的人都知道该公司非常爱护环境，这一点在其使命宣言中得以充分体现：

> 我们的使命是帮助人们改善世界……我们在这个世界上的位置比我们制造的东西更重要……制造新产品必须以让世界更美好为前提。这意味着减少污染，尽量环保。我们热爱户外的每一分钟，并努力工作，力争创造出更好的产品来全面改善我们的户外体验。

添柏岚的员工都喜欢远足，这说明他们对制造适合户外活动的靴子的确兴趣十足。他们也喜欢户外，并由此成为率先计算碳足迹的公司之一。这是一家风格低调、透明的大公司。当你在树林中漫步时，如果你想了解周围的生物，你就必须轻声慢步；如果你过分宣扬自己对环保的重视，你的可信度就会打折扣。添柏岚的碳足迹标签已经成为透明的一大典范（见图 20）。

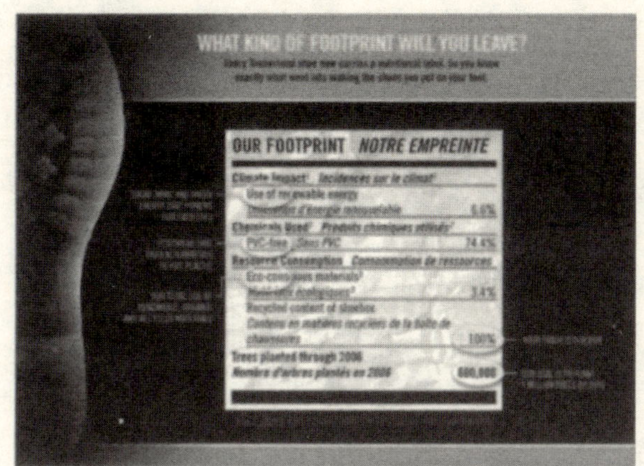

图 20　添柏岚对其公司进行的碳足迹测算

图片来源：已获得添柏岚公司使用许可。

本章小结

低调透明给了我们一大启示：如果领导者自我吹捧，就可能成为众矢之的。英国石油在将其品牌含义定义为“超越石油”时，就曾经历过这个教训。为了名副其实地做到“超越石油”，英国石油在可持续发展方面做了很多新的尝试，但其高调标榜的环保标签并没有帮助它改善与相关环保群体或管理者的关系，反而抬高了公众对英国石油的期望。于是，2010 年，英国石油在墨西哥湾发生漏油事件时，人们都争相攻击英国石油，其环保可信度也大幅下滑。

这个例子告诉我们：我们应该做正确的事，保持透明，但不要自我吹捧。我们可以告诉人们自己在做什么以及为什么这么做，但前提是，别人向我们问起这些问题。对你感兴趣的人应该能够看清你在做什么，并且相信你所说的话。作为领导者，你应该尽力帮助第三方组织认识到你的透明度并告知其他人。在这个充斥着各种媒体的环境里，总有人会注意到好的行为。

CCL 的相关研究也表明“脆弱其实蕴涵着巨大的力量”：

脆弱可以使人变得真诚、有人情味，但事实是，很多领导者都戴着自我保护的面具，不愿意轻易摘下，好像别人都要求领导者将恐惧、挫折或痛苦掩盖或者伪装起来，以免削弱其领导者的威信。但实际上，根据我们的经验和相关研究，这种伪装或掩饰反而会适得其反：那些高高在上、貌似无所不能的人往往会让人觉得高不可攀、难以捉摸、冷酷无情、有所保留。

低调透明其实包含了脆弱。低调的领导者有人情味、谦卑，但蕴涵着巨大的能量。他们善于倾听，虽然脆弱，但却充满自信。

我相信，低调透明可以帮助领导者成功。谦卑中蕴涵着能量，将是未来领导者的一大特征。有时候，领导者可能不会因为他们创造的未来而受到赞扬，未来世界也不可能绝对公正公平。但尽管如此，低调透明依然是领导的最佳方式。

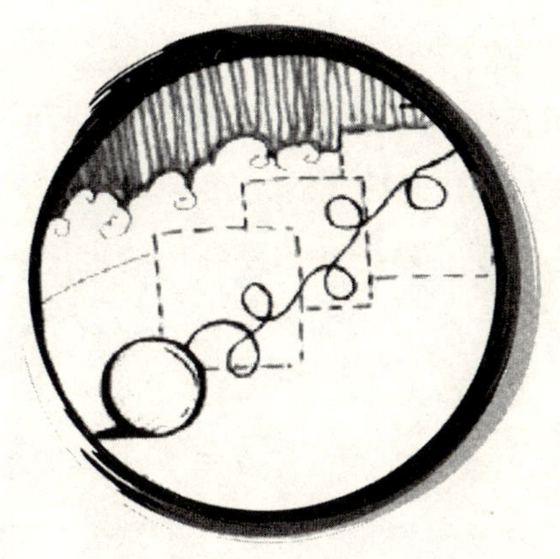

第八章
快速构建

快速构建指的是快速创新的能力，明白失败是成功之母。

当我们改变沟通方式时，我们就改变了整个社会。

——克雷·薛基（Clay Shirky）

为了创造未来，你必须先给未来塑造一个原型。未来十年，快速构建能力方面的资源将大幅增加，正如克雷·薛基在其著作中所说：

参与快速构建可以帮助我们好好利用我们的认知盈余（上千亿小时的闲暇时间）。在20世纪，人们的绝大部分盈余时间都被花在了看电视上，但如果我们能从中抽出极小的一部分来参与构建，就能产生非常巨大的正面效果。

构建能力并不是一个新概念，但云计算将深刻改变快速构建的方式。

20世纪70年代，我在西北大学第一次上编程课时，老师说他知道的两个最牛的程序员的编程策略非常不同。一个非常细致，写好代码之后要先在头脑中对程序进行测试，然后才提交；而另一个则喜欢快速写好代码，立即提交，然后再查看存在的问题。后面这种方法其实就是我们现在所说的快速构建能力的雏形。

快速构建使我们能够快速从失败中学习，是创新者常用的一种试错法，只是速度更快。其真谛在于在成功之前，反复失败，并从失败中学习。

在充满变化、不确定性、复杂性和模糊性的世界，快速构建能力是杰出的领导者应该具备的技能之一，因为它能让领导者快速尝试自己的想法，同时激发其他潜在合作者的创造本能。

很少有领导者能够一举成功，而且以后会越来越难，但早期的失败会孕育未来的成功。比如，20 世纪 70 年代的“计算机会议”虽然失败了，却最终带来了社会媒体的成功。不过，这次失败的教训花的时间太长。今后，领导者必须加速这一过程。正如艾伦·凯（Alan Kay）在施乐帕克研究中心（Xerox PAPC）任职时常说的：研究的目的就是为了失败，不过，要失败得有意义。快速构建其实就是在低风险的情况下失败，但要失败得有意义。

快速构建的定义

快速构建其实是尝试、学习、再尝试的快速循环。在充满变化、不确定性、复杂性和模糊性的世界，要想有所成就，必须边做边学。原型的生命周期通常都以小时或天来计量，而不是月，这一点与周期较长的试点或示范项目不同。

快速构建其实是创造本能在创新项目上的应用。虽然，DIY 的理念依然重要，但未来十年，创新将更多地由领导者领导的群体共同来驱动，大家的想法相互结合，很难区分哪个想法到底是谁提出的。

领导者可以从人们的痛苦中进行学习，而创新将帮助人们缓解苦痛。快速构建时，重点并不是有关可能性或计划的抽象想法；它始于终端用户，始于倾听。

通过观察消费者如何使用其产品，公司可以学到很多东西。因此，用户为公司改进产品或服务提供了很多新的想法和灵感。生产者制造产品，但一旦消费者购买了产品，它就不再为公司所有了。用户可以随心所欲改变产品，或用不同的方式来使用产品。创新并不会随着产品的售出而终止。如果消费者持续对产品进行改善，而且生产商也愿意向他们学习，那么产品创新就会一直持续下去。

通过快速构建而体现的领导力：

- 以不断试错为基础，喜欢快速启动，并在过程中不断学习；
- 强调实践经验，而不是提前计划；
- 注重学习的速度。

传统的领导力注重三思而后行，但在注重快速构建的时代，领导者必须期望在过程中尽早失败，以便为接下来的成功奠定基础。

在军事冲突中，黄金法则是“三分计划，七分准备”。但在实际战争中，人们常常倾向于把更多时间花在计划而不是准备上。快速构建则反其道而行之：领导者应该尽量缩短计划的时间，把更多时间用于在低风险的环境下进行准备，并在实际操作过程中进行学习。快速构建的黄金法则是缩短计划时间，多在行动过程中边做边学。当然了，由于关乎生死，上战场之前还是需要更周全的思考的。

在未来研究院，前总裁罗伊·阿马拉在开始一个新项目时，经常喜欢用“快进”策略。比如，要做一个为期 6 个月的项目时，罗伊会说：“我们先用一天时间把这个项目做完，然后再回过头来看看有哪些不足，想一想，接下来应该做什么。”这个建议虽然看似疯狂，但却让我们受益匪浅，学到了很多不这么做根本不可能学到的东西。快速建构一方面是在做中学，同时也是学了再做，整个过程虽然复杂，但却令人振奋。通过尝试，之前很难发现的逻辑漏洞一下子就变得显而易见了。

通常，快速构建的最佳方式是通过模拟或游戏来创造真实、低风险的学习情境。从这个意义上说，快速构建与第四章所讲的沉浸式学习能力密切相关。具备沉浸式学习能力的领导者一般都比较擅长快速构建。面临挑战时，领导者可以在决定对策之前，尝试一下各种可能的反应。

当年，我在伊利诺伊大学打篮球时，也采用了类似的策略。每次，为下周的球赛做准备时，我们会根据对方的各个球员的具体情况，组建一支模仿对手的陪练队，其任务就是扮演对方球队，与我们进行比赛，而我们就通过这种方式来演练我们的作战策略和进攻方式。其实，这就是快速构建付诸了实践。一般来说，进行了很多实战演练的球队通常在真实的比赛中都表现良好，而那些花了大量时间研究作战计划，却没有在赛场上实际演练的球队则处于明显劣势。真正的学习必须通过在赛场上实战演练才能实现。如果陪练队员表现出色，那么真正上场与对手一决高下的球员就更有可能胜券在握。这种快速构建也可以看做是一种沉浸式学习。

未来的困境

快速构建是创造未来的第一步。20 世纪 70 年代，我刚刚步入职场时，很多由大学主导的创新项目都是由 ARPA 赞助的。很多杰出的想法都源于军事领域，然后逐渐扩散至消费品领域。创新通常是自上而下的，受中央政府的政策管辖和引导，领导风格也倾向于集权化和等级化。但现在，短短 40 年后，一切都发生了很大的变化：创新更多的是自下而上，受消费者、游戏和很多人的创造本能的驱动。现在，很多好的想法都源于游戏，然后再应用到军事和政府领域。

领导者必须学会如何失败，以及如何在失败之后再次尝试。当然，模拟和沉浸式环境可以帮助领导者以低风险的方式进行尝试，但在充满变化、不确定性、复杂性和模糊性的世界，我们必须尝试、失败，才能最终成功。

快速构建可以帮助我们找到应对国际困境的方法。现在，全球的学者、设计师和决策者都在想方设法为全球 1/6 的人口提供清洁、安全的饮用水。由普渡大学布拉切利领导的研究小组在过去的 20 年里，一直在潜心研究可能的对策。该研究小组最近的一项突破是研发了一种通过阳光中的紫外线来抑制水传病原体活性的系统，而且这个系统造价低廉。布拉切利的团队成功地对该系统进行了测试，目前，肯尼亚大约有 2000 个这样的系统已经投入使用。由此可见，成功的唯一途径是构建你的成功之路。

在流散群体中进行快速构建

快速构建在流散群体中运转得更加有效，因为群体中的各个个体拥有共同的价值观，而且相互信赖，所以想法可以快速得到传播。比如，有关一款新化妆品的功效的新闻会在觉得该产品有效的人群中快速传播。在群体中，对某一想法进行测试会比较容易，因为该想法在群体中的传播速度更快，而且传播的范围更广。从某种程度上来说，群体是孕育创新的温床，特别是创新与群体的价值观、优先事项、财务资源和可用时间匹配的情况下。

在群体中，快速构建可能先始于一个小范围的群体，然后快速扩散。积极主动的群体通常都会大胆利用各种媒体。比如，海外华人虽然和在本土的中国人远隔万里，但一旦彼此通过网络等媒体手段联系在一起，信息就会瞬间广为传播。

构建的潜在危险

在财务领域进行创新可能对每个人都会造成威胁，2008 年爆发的次贷危机就是一个例子。个人房贷原本是房产买家和放贷银行双方之间达成的长期财务协议，但随着财务创新的升级，这些两方之间的长期协议被打包卖给了其他人，由此产生了很多短期协议。一旦整个链条开始瓦解，就很难控制局面。为了维持这个系统，人们就在各种因素的鼓动下，贷款购买他们根本无力支付的房产。放贷市场因此变得像一个赌场。华尔街对于这套玩法非常精通，但有人赢，必定有人要输。这种复杂的借贷工具虽然很有创意，但它们催生的更多的是输家，而非赢家。

很多时候，人们都倾向于预借，而不是现付，虽然这样做对未来几代人来说代价很大。金融创新可能会带来一些潜在的风险，就像当年的次贷危机一样。

快速构建可以帮助金融机构，但谨慎小心也是必需的，因为风险实在太大。我并非金融专家，但直觉告诉我，快速构建逻辑在金融行业的作用与其他行业不同，而且我也对其在公共政策制定方面的价值有所怀疑。

在美国，政策制定通常是由一些影响力较大的事件推动的。比如，当一座大桥垮塌时，公众议论纷纷，讨论责任应该由谁来承担，以及如何避免类似的事件再次发生。可是，不幸的是，这类事件的影响力并不足以让政府制定新的法律来支持对公共设施的重建和维护。当需求增加，而税收却不增加时，人们必须采取其他方式来为新的公共设施融资，但这些方式却不太可能持久。快速构建在商业或研究领域常常比在公共政策领域更有效，因为公众的监督和畏惧失败的心理可能会阻碍快速构建的实施。

探索新政策时，试点和示范项目非常有用，不过快速构建的执行速度更快。新政策制定之后要在实际情况下实施，快速构建正好是实施前对新政策进行测试的重要方式。

开源战事

不幸的是，恐怖组织掌握了快速构建的精髓。恐怖袭击通常都出其不意地攻击软目标，叛乱分子不断尝试着各种策略，一旦某一策略成功，就能快速传播。

在开源战事中，作战策略可能来自任何地方，武器也不仅仅限于传统的军事武器。现在，很多叛乱组织都把电子产品、游戏和手机看做备选武器。未来，快速构建将成为恐怖分子的常用策略，这就意味着，公众和维和部队必须做好准备，随时应对来自各方的意外情况。

美国军队部分分支和很多其他公共服务机构，包括警察局和消防局，都把一种叫做“行动后评估（After Action Reviews，AAR）”的方法当做从日常经验中进行学习的原则。AAR 和快速构建非常相似，都强调从失败中学习。与绩效评估不同，AAR 主要关注可以学到什么，以及哪些方面还可以进一步改善，完全避免了追究责任相关的话题。多年来，美国军方确实通过 AAR 积累了不少经验，并建立了一个中央数据库，但 AAR 的价值并不在于数据库，而在于它代表的原则。

据我所知，很多军队人员每天都参与好几个 AAR，进行非正式学习。在快速构建的流程中，AAR 可以非常有效地用作反馈环节。实际上，这条原则与从早期的失败经历中进行学习，并应用此经验以便将来成功的思路如出一辙。在战争领域，AAR 意味着从叛乱袭击中快速习得的经验可以有效地应用在战场上。

AAR 原则在军事、警察局和消防局等领域都非常有效，但我还没见过哪个私营企业大范围地实施过该原则。这是为什么呢？很多公司无法区分学习和评估。它们可能有相关政策鼓励大家从失败中进行学习，但实际上，员工很清楚，如果他们没达到期望，他们将会受到惩罚。理论上，大家都接受失败，但在现实中，几乎没有人容忍失败。硅谷的一些公司是我见过的唯一的例外。在硅谷，失败被看做是勇气的标志，如果你从来没有失败过，那就说明你冒的险还不够。不过，AAR 法对于很多硅谷的公司来说，可能过于刻板了。

为构建而设计的组织

现在，很多大型公司内部专门组建了一些部门用来进行快速构建。比如，宝洁的 Futureworks 事业部就专注于潜在的产品和服务创新，创新的产品和服务可能与宝洁现有的品类完全不同。该事业部的领导内森·埃斯特鲁斯毕业于政治科学和政治运动专业。从天性上来说，内森是非常热衷于新想法的组织者，Futureworks 这个事业部创造了未来。

快速构建是 Futureworks 的根本。我记得在该事业部成立初期（当宝洁还是进军食品领域的时候），他们要决定是否进军能量棒（一种食品）市场。当时，他们想尽可能多地了解该市场，尝试各种选择，并为失败做好了准备。他们在公司灵活的办公空间内隔出了一间屋子，专门致力于研究能量棒。由于我平时旅行的时候喜欢用能量棒，所以我很感兴趣。当我走进这间屋子时，我看到了很多我从来没有见过、以为并不存在的能量棒。Futureworks 团队的每个人都在用能量棒，目的就是为了尝试、体验一下这个理念。与此同时，基于自己的体验，他们创造了一系列能量棒，并在目标客户中进行测试。

快速构建的第一步就是把自己放在终端用户的角度来理解他们的苦痛和

期望。第二步是开始构建。最终，宝洁的 Futureworks 事业部决定放弃能量棒，因为他们发现能量棒的益处完全取决于用户的行为。比如，能量棒的一大作用是减肥，但前提是用户在使用能量棒时必须有规律地做一些体育运动，而让人们运动比让他们吃美味、健康的能量棒要难多了。

快速构建必须从终端消费者的角度出发，而且必须尽可能地靠近终端消费者。比如一个很极端的例子：内森·埃斯特鲁斯及其团队在研发一款新的狗粮时，就真的吃了狗粮。

快速构建要求领导者尽可能地放大其团队，以便将其自身完全融入他们正在努力创造的未来。衡量这些潜在创新的最佳方式是在潜在的用户中进行测试。

可视化快速构建

未来十年，可视化工具领域的巨大进步将让快速构建受益匪浅。可视化其实就是一种形式的快速构建，只是构建过程是在头脑和虚拟空间进行的。由组织发展顾问和信息设计师大卫·西贝特创立的格罗夫国际咨询顾问公司是该领域的先驱。该组织教育人们用可视化的方法来想象未来的各种可能性，并将它们转化为现实。格罗夫为领导者提供了一种快速构建其想法的方法，就像设计公司为新产品打样一样。在这个过程中，格罗夫研发了一些图像模型，帮助人们设想新的战略，并让战略变得切实可行。

在新的可视化工具的帮助下，领导者将改善其利用图形、图画和其他图像形式进行理解和交流的能力。和其他普适计算工具一样，可视化也将越来越普遍，价格也会越来越实惠。新的可视化工具将帮助人们在虚拟世界进行更切实可行的快速构建。可视化工具也将让更多以前不可见的东西变得可见。

丰田普锐斯（如图 21 所示）的仪表盘就是一个很好的例子，它能在你开车时，实时显示汽油的消耗量。当人们能实时得到反馈时，行为的改变就很容易发生，而这正是普锐斯仪表盘对于司机的作用。实际上，有时候，在开普锐斯时，人们很难集中精力，因为总是忍不住想看一看显示牌，而且想通过自己的驾驶来影响显示牌上的数字。照我的猜想，我觉得这个仪表盘肯定节约了不少能源，但却引发了一些交通事故，因为司机老惦记着显示牌。福特的一款车利用了同样的原理，但显示屏上显示的是一片树叶，当你在浪费能源时，树叶就开始枯萎，而驾驶正常时，树叶就看上去生机盎然。

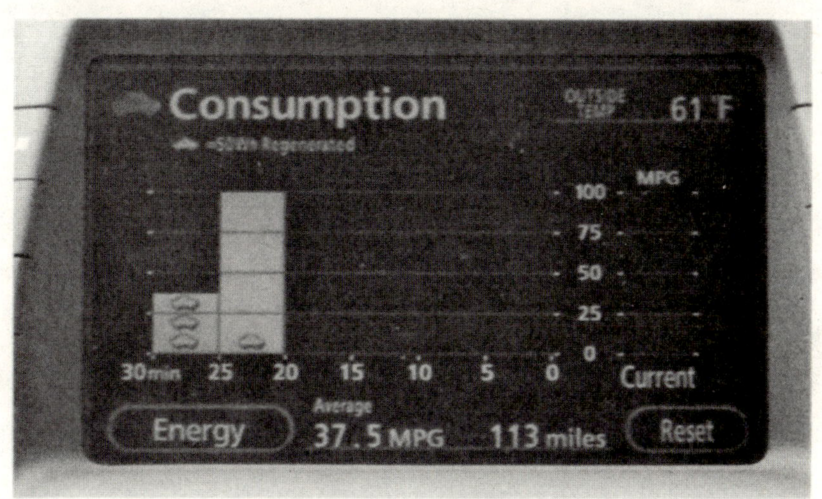

图 21　丰田普锐斯的仪表盘，能实时显示汽油的消耗量

图片来源：已获得丰田公司使用许可。

想象一下，如果你领导的组织里有这样一个显示屏，能随时衡量对于组织来说重要的指标，情况会是怎样。领导者可以运用此工具来对你可能实施的变革进行测试。在虚拟的可视化世界里，你可以在不用承担实施这些变革可能带来的风险的情况下，收获快速构建给你带来的益处。不过，这里要面临的挑战是，如何设计虚拟世界的衡量系统才能准确地反映真实世界的情况，可以肯定的是，要做到这一点，肯定不会像衡量汽油消耗量那样简单。

一个善于快速构建的领导者

未来研究院与全球数一数二的设计公司 IDEO 近在咫尺。IDEO 是一个用于快速构建的模型。“IDEO 大学”利用快速构建来帮助人们投入到设计和创新的流程之中。

IDEO 的工作场所非常独特。公司创始人大卫·凯利（David Sibbet）认为，设计团队应该不超过30人，每个工作室的设计都应该帮助团队发挥创造力。一个设计团队用它们的装修预算买了一个旧的DC－3飞机的尾翼；另一个团队从一个倒闭的剧院买了些厚重的幕布。我本人最喜欢的一个IDEO的工作室是一个用破旧的大众Bus改建的工作空间。这个创作是一个设计师度假期间，他的同事们与他开的一个玩笑。这种好的设计与乐趣相结合的方式非常具有启发性，同时对快速构建非常有益。

IDEO设计的所有产品都体现了快速构建的理念。在公司位于帕洛阿尔托的办公室内，陈列着100个掌上电脑的不同版本。看着这些不同的版本，你就能理解从最初的想法到最终成品的整个演变过程。其间经历的失败以及从失败中获取的经验都在新一代的版本中得到了体现。

未来研究院与IDEO合作过一些项目。我们为其进行了未来十年的预测，这些预测都被IDEO融入了其构建过程中。大卫·凯利曾经跟我说，他喜欢与未来学家合作，因为在过去，IDEO有时在工业设计过程中引入得太晚，以致人们生产了很多原本不该生产的东西。

我们合作过的一个项目涉及创造健康、便携、廉价的食物。首先，IDEO研究了现有产品。比如Cheerios脱脂牛奶营养丰富、价格合理，但其便携性较差。于是，IDEO将消费者的洞见和预见结合在一起，以便孕育出新的想法。从项目开始之日起，他们就使用各种容易塑造的材料制作原型。每个工作室都有一个容纳各种材料的技术箱，这些材料都是设计师从世界各地搜罗来的，目的是为了创造新的原型。

IDEO已经将快速构建制度化，不过，其设计师并没有将快速构建过分标准化。这种边做边学的理念可以让创造力得到尽情的发挥，避免有人控制创造过程。

本章小结

快速构建是发挥创造本能的一种实用方法。富有创造本能的领导者很容易理解快速构建这个理念，同时能够利用它实现目标。对他们来说，最大的挑战是接受失败，把失败视为成功的一部分，并从失败中学习。很多领导者都不喜欢失败，但在未来，他们必须改变预期，学会正视失败。

从一定程度上来说，未来的领导力就是要快速、不断地进行构建。那些拥抱过程，能够发现规律、发现真正有用的想法的人将成为最优秀的领导者。正如丘吉尔所说：成功就是不断经历失败，但却能始终保持实践热情的能力。

快速构建把失败视为成功的前奏，要求用激情点燃创新的潜能，因为激情孕育创新。丘吉尔与抑郁症的抗争可能为他满怀激情地渡过失败难关做好了准备。

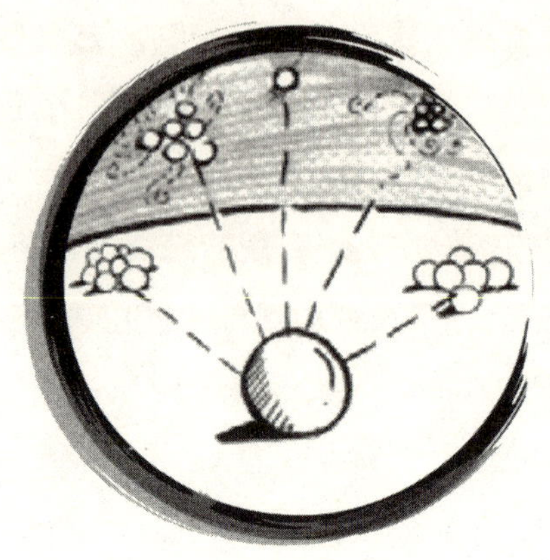

第九章
聪明暴民组织

> 聪明暴民组织（Smart Mob Organizing）指的是，利用电子和其他媒介来创造、发展有用的商业或社会变革网络的能力。

2011年1月，在埃及首都开罗，一群受过教育但却找不到工作的年轻人因为反对总统穆巴拉克的政策引发了一场暴动。而“阿拉伯之春”则向人们昭示，未来十年，当数字时代新生儿逐渐成熟、社会媒体比现在更先进时，世界会是什么样子。

看到这些充满创造力的年轻人能够在社会媒体比较简陋的条件下进行自我组织，我感到非常意外。不过，这也让我确信，10年后，年青一代肯定会更聪明，因为社会媒体变得更加先进，而数字时代新生儿们也已经步入青年的行列。“阿拉伯之春”只是一个早期的迹象，告诉人们如果短期内无法达到经济的重新平衡，世界会发生什么变化。

在我读研究生期间，索尔·阿林斯基（Saul Alinsky）是一位活跃在芝加哥南部的社区组织者，堪称社会行动主义的楷模。网络空间中的索尔·阿林斯基很可能是一个网络组织，而不是单个的个体。未来的社区组织将成为聪明暴民组织，偶尔伴有类似于2011年开罗塔里尔广场的那种真人集会。现在，我们已经看到了这种现象的端倪，但未来的聪明暴民将更聪明，其行动也将被更先进的社会媒体放大。

领导者的能力在一定程度上取决于其组织能力。领导者建立联系和关联，每个人都是网络中的一部分，而数字媒体将放大这些商业和社会变革网络。未来的领导者将成为新一代在线社会媒体方面的专家，而这些媒体形式是现在的很多领导者所不熟悉的。

有些社会网络将来会具有很强的价值关联，领导者必须符合这些价值观。实际上，领导者自身的关系网将成为他们最宝贵的资产。从一定程度上说，这一点向来如此，但在未来，关系网的重要性将被进一步放大。

聪明暴民组织者必须为特定的情境选择最适合的媒体形式。目前，很多领导者都比较擅长面对面沟通，但在利用数字媒体方面，能力相对比较欠缺。未来的领导者不但需要良好的人际沟通能力，还必须有一个强大的网络身份。对于这一点，年轻一代就很有优势，因为他们是伴随着网络长大的。

不过，光知道如何使用数字媒体并不够。人必须聪明，这样媒体才能让聪明的人更聪明（另一方面，因为媒体的放大效应媒体也能让无能的领导者显得更无能）。在经过30多年的测试之后，强大的合作技术现在已经非常实用了。

聪明暴民组织是创造本能在社会联系性方面的体现。单打独斗的创客聚集在一起，形成了聪明暴民。如果领导者能够融入其中，就能激发聪明暴民的创造潜能。

聪明暴民组织的定义

聪明暴民组织是指为了一项共同的事业或社会变革，利用现有媒体将大型群体聚集在一起的行为。聪明暴民之所以聪明是因为他们利用媒体放大了他们的智力水平和影响力。他们之所以叫“暴民”是因为，他们的行为出人意料、难以预测，有时甚至无法控制。当然，聪明暴民到底有多聪明取决于其成员所能获取的资源、领导者的才华以及他们所选择的媒体的有效性。

霍华德·莱茵戈德是聪明暴民之父，他于2003年在其《聪明暴民：下一次社会革命》（Smart Mobs）一书中首创了“聪明暴民”这个词。很快，在该书发行一年内，这个词就出现在了各大出版物上。

霍华德·莱茵戈德的网站（www. smartmobs. com）继续在研究聪明暴民的发展历程。现在，10年过去了，有些专家认为这个词已经过时了，但我不这么认为。这个词很有启发性，它能激发人们去思考未来，让他们认识到不是所有暴民都是聪明的，也不是所有暴民都心怀好意。不幸的是，很多居心叵测的暴民似乎都比心怀善意的暴民更擅长使用新媒体。

作为预测家，我们希望用的词能够对人们有所启发。“聪明网络”或“聪明联系”这两个词虽然含义和“聪明暴民”差不多，但在启发性方面不及“聪明暴民”这个词。未来，只要提及“聪明暴民”这个词，就能引发关于领导力的有趣的讨论。如果你把自己的领导团队看做“聪明暴民”，会怎么样呢？

在聪明暴民组织方面，面对面沟通在某些阶段依然有效，尤其是在导向和建立信任时，但通常，它们都无法实现。幸运的是，媒体的选择范围越来越大，新媒体也越来越先进。现在，组织聪明暴民已经切实可行，未来，它将成为有效领导力的必要条件之一。

我之前提到的未来研究院的文化人类学家琳·杰弗瑞正在研究中文网站。她发现现在团购网站在中国很火，最早的一个团购案例就是大约30个人想组团买宝马。于是，团购网站的组织者就找到了宝马的经销商，问他们“如果我们一次买30辆宝马，你们能给我们什么价钱?”这个问题对于宝马的经销商来说有点出其不意，因为这和他们熟悉的零售模式完全不同。

现在，很多团购网站开始组团在一起，希望以更便宜的价格购买产品和服务。具有同一消费需求的消费者通过互联网聚集在一起，这么做对所有买家都有明显的益处。

从某种意义上来说，这种聪明暴民正在改变市场的规则。

未来的困境

未来十年，聪明暴民和不那么聪明的暴民将越来越普遍。领导者必须掌握聪明暴民组织技能，增强其网络影响力，树立独特的领导风格。传统的人际领导方式将不再能满足未来的需求。

文明社会的聪明暴民

据我所知，2004 年，霍华德·迪安（Howard Dean）率先利用互联网来为自己的总统竞选助力，他的这一举措开创了一种新的总统竞选模式，并得到了迅速传播。不过，2008 年的总统竞选却是首次大举利用媒体来进行聪明暴民组织，所用的技术比以往更有创意，平台也更稳定。不过，这些都只是开始，我们期待未来的竞选中能出现更多新鲜的做法。

2008 年，奥巴马的总统竞选证明了利用网络聪明暴民筹集资金的价值。奥巴马及其竞争对手约翰·麦凯恩都不是社会媒体专家，但奥巴马在这方面投入了更多时间和精力，而且他的追随者年龄偏小，进一步强化了网络媒体工具的作用。相比奥巴马当选后的执政情况，在线聪明暴民组织在帮助他成功竞选方面作用更大，之所以这么说，部分是因为领导一个复杂的政府比领导一场竞选活动要困难得多，不过，在执政期间应用聪明暴民技能现在才逐渐开始被人们所认识。

起步初期，YouTube 就经常被用来揪候选人或支持者的小辫子——在错误的时间，说了不该说的话。在 2008 年的总统竞选中，我们都看到了这样一种现象：如果候选人的支持者在视频中说了什么不该说的话，候选人将面临非常大的风险。根据这项标准，未来，人们将很难获得支持者，而找到一个从来没在视频中说过蠢话的人也会越来越困难。现在，这种揪小辫子的现象已经扩散到了各种形式的社会媒体，包括 Facebook 和 Twitter。

聪明暴民可以像传播真理一样，快速放大错误信息。这给我们的教训是：

聪明暴民可以迅速捧红某个候选人，但其他聪明暴民也能以同样快的速度让这个候选人身败名裂。聪明暴民不一定公正，也不一定正确，有时候，他们甚至蠢笨不堪。

现在，有很多平台可以让更多公民参与到竞选过程中。美国的开国先驱们对直接民主有所保留，但目前的技术也无法实现直接民主。建国之父们对于暴民非常警惕。不过，渗透性社会媒体为直接民主提供了新的潜能。聪明暴民（或者蠢笨暴民）可能很快成为信息的载体。数字媒体将很快使直接民主成为可能，甚至切实可行。新媒体可能会挑战先辈们的逻辑，使我们能够实现全民参与和直接民主。即使我们能够做到，我们是否真的需要更加直接的民主？聪明暴民已经开始形成并创造全民参与的新模式。不管你喜不喜欢，聪明暴民都将利用快速构建能力来创造一种新的社会形式。

我希望美国永远也不要采纳由暴民领导的政府结构，即使将来有一天可以实现。虽然，未来十年的变化方向依然是从代表制向直接民主发展，但变化的过程将跌宕起伏。不过，好消息是，新的网络将更有利于合作；坏消息是，具有破坏性的暴民也将非常活跃，他们很可能具有非常熟练的媒体技能。

健康领域的聪明暴民

大多数家庭都非常关注健康。很多相关研究表明，家庭健康的主要负责人是母亲。很多与我们合作过的保健品企业现在都喜欢用“HMM”，也就是“管理健康的妈妈”。以妈妈为首的健康聪明暴民不但包括家庭医生，还包括专家（如果需要）、家庭、朋友、提供意见的零售商、在线医疗咨询和在线社区。根据我们的预测，世界各地的健康隐患都将有所恶化，这将导致对于以健康为导向的聪明暴民的需求有所增加。

一个更大的挑战是，创造一个健康福利平台，让聪明暴民不断发展。目前，在美国，离这种平台最接近的就是疾病控制和预防中心，该中心致力于创建一种新的健康文化，同时也要控制和预防疾病威胁。现在，也有一些因为健康因素而形成的虚拟的聪明暴民群体，其中大多数都针对身患某种特定疾病的人群。诸如 MyDaughtersDNA. org 和 PatientsLikeMe. com 之类的网站就是这方面的例证。毫无疑问，与有类似健康问题的人分享信息一直都是因特网的重要用途之一，不但现在如此，未来也依然会是这样。

凯利·特拉弗（Kelly Traver）医生一直非常关注健康和福利问题，但她发现在美国，传统的、以疾病治疗为主的医疗体系内，很难找到一种支持以健康保健为导向的方法。

特拉弗医生以健康生活为主题组织了一群聪明暴民，并创办了一家名为“Healthiest You”的公司，以实践健康生活的理念，并让这一理念成为更多人的共同资产。刚起步时，她为谷歌的员工提供健康辅导，现在，很多公司都在与她合作，并因此将她首创的健康生活的12条原则发扬光大。

我参与过该公司的活动，留下了深刻的印象。我自己已经培养了一些很好的健康生活的习惯，但她的12条原则确实总结得非常好，而且，更重要的是，这些原则很容易付诸实践。这些原则提供了内容，但还需要由健康生活的实施者们组成的聪明暴民来传播这些原则，推广这些行为。

我觉得达到并保持健康状态的方法不止一种，但这个项目的确能帮助我改变一些习惯，让我变得更健康。实际上，我自己已经形成了关注我的健康的小型聪明暴民群体。同时，我也是特拉弗医生的聪明暴民组织的一分子，帮助她让更多的人了解并接受这些原则。

未来十年，全球健康经济将成为经济发展的主要推动力之一。那时，聪明暴民将以不同寻常的方式组织和传播健康实践，并很可能因此为社会创造巨大收益。

开放是大势所趋

“开源”这个词源于软件开发领域，指开放源代码供他人学习、改进该软件，并与软件开发人及他人一同分享进步。在日常生活中，开源并不是一个非此即彼的选择，而是从完全开放到完全封闭的区间，领导者必须决定如何在这个区间内定位他们所领导的组织。

本书插页的图反映了从封闭到开放的趋势，而聪明暴民将进一步加速这一趋势。你无法控制这些暴民，虽然他们中的一些异常封闭，但聪明暴民群体将变得越来越开放。

开源实践依然需要某种结构，而且知识产权也不会因为开源而消失，例如，在研发领域，一些非常有趣的开源网站已经陆续涌现，比如 Innocentive，该公司有着独特的商业模式：它通过激励机制，在互联网上公布疑难科学问题，在全球范围内寻找科研精英解决问题。任何与 InnoCentive 签约的企业都将成为“寻解者”，在网上发布他们在生产、科研中遇到的难题，并向世界各地的科学家寻求解决方案。而每一个到该网站注册的人，就加入了这个全球科学家社团，以难题“解决者”的身份来接受挑战。当问题得以圆满解决时，“寻解公司”不光要支付科学家奖金，也需要给网站支付服务费。该公司吸引了一大批世界各地的科研精英，为“寻解公司”提出的各种疑难问题寻找答案，并因此获得相应的报酬。

YourEncore 与此非常类似，但只包括从知名公司研发部门退休的科学家，为那些虽已退休但依然想在该领域继续钻研的科学家提供了宝贵的工作机会。因此，它是架设在个体科学家与有特定研发需求的公司之间的一座桥梁。YourEncore 轻而易举地形成了聪明暴民，将退休的科学家与他们能做且想做的工作联系在了一起。它代表了寻求有意义的工作的个体科学家，同时也代表了寻求支持的公司。

上述这些开源方式组织性很强，但他们也是一群以解决特定问题、提供优质研发服务并因此获取报酬的聪明暴民。你可以说，这些暴民很聪明，因为他们大多数都是拥有硕士学位的科学家。结构的合适性将在很大程度上决定暴民的聪明程度。

战争中的暴民

恐怖组织也可能是聪明暴民。实际上，从纯粹的社会学角度来看，很多恐怖组织都非常善于利用新媒体，虽然他们的宗教信仰呼吁他们重返昔日简单的时代。现在，基于网路的战争已经成为主流，人们可以信赖的规则已经所剩无几。未来十年，可能出现的新的战争形式会非常可怕。

例如，米姆战争可能非常受聪明暴民欢迎。米姆是可以像病毒一样传播的思想。范内瓦·布什在第二次世界大战后写了一篇经典的文章，预言米姆机将帮助思想在大型社区中传播。在文章中，布什设想了一种类似于互联网的网络，远在互联网的前身出现之前。根据巴顿将军的观点，传统战事“不是要让你为国牺牲，而是要让敌方士兵为他们的国家而牺牲”。相反地，米姆战争可能是要让“敌方士兵”不愿意为国牺牲。

聪明暴民也可能用反文化手段来实施社会变革和企业社会责任。反企业的“反广告”（与广告的作用相反）就是其中的一种手段。人们通过这种手段来讽刺或恶搞某些公司品牌，以便引发社会变革，并质疑这些品牌的诚信度。

另外一种米姆战争的手段是与“顺手牵羊”相反的“投放”。现在，城市的街头艺人开始往商店里带一些东西，并展示在货架上，而不是从商店里偷东西。想象一下这样的场景：一群聪明暴民组织者在当地商店投放一些东西来传达某个特定的信息，以扰乱正常秩序。未来，米姆战争将试图破坏某些思想和社会实践。

聪明暴民领导者

维基百科的创始人吉米·威尔士（Jimmy Wales）是最成功的聪明暴民组织者之一。他创立维基百科时，有着非常清晰的愿景：为世界上的每一个人提供包含所有人类知识的免费百科全书。他非常清楚自己的目标，但对于达成目标的方式却很灵活。他不但非常清晰，而且在聪明暴民组织方面也很有天赋。

威尔士把维基百科设想为基于现有技术平台但能不断扩展的社会实验，它更多的是一种社会创新，而不是技术创新。威尔士把自己定义为像索尔·阿林斯基一样的社区组织者，只是目标和媒体形式不同。编辑志愿者们在维基百科上输入并维护各个条目，其他人则可以对其进行纠正和更新。不过，编辑们一般都火眼金睛，即使有错误，也能在几分钟内更正。现在，维基百科已经成为很多研究项目的起点。

要实施维基百科的愿景，一个聪明暴民组织就够了，但鉴于其目前庞大的规模，要维护它则需要很多个聪明暴民组织。现在，维基百科正在向一个永恒的聪明暴民组织进行转变，其他一些社区可以在此基础上发展，也就是我们在下一章要讲的公地。

本章小结

聪明暴民组织是未来领导者的一项重要技能。1972 年，我开始利用计算机及 ARPAnet 与一小组科学家和工程师进行群组沟通。在协调过几次在线沟通之后，我发现我不具备成为聪明暴民组织者的能力或耐心。不过，我意识到了这项技能的价值，也一直在与拥有这项技能的人合作，毕竟，领导者不一定要事必躬亲。

作为十年预测家和作家，我喜欢尝试新媒体，但我始终关注我最喜欢的两种媒体——写书以及围绕书开展研讨会。我尝试过很多不同的社会媒体，但对我来说，现在的社会媒体并不适合我目前想做的事情。不过，对很多领导者来说，现在的社会媒体则对他们的工作和角色至关重要。所以，关键就是对各种媒体进行评估，然后作出明智的选择。而且，随着媒体的发展，领导者还应该不断审视自己的选择，想一想，不同的媒体适合干什么，自己适合采用什么媒体。

我觉得，领导者本人并不一定要成为聪明暴民组织者。如果他们能自己使用媒体并亲自完成一些组织工作，那自然最好。不过，所有领导者都必须尊重和理解聪明暴民的重要性，而且，我觉得所有领导者都需要有聪明暴民组织者为他们工作。比如，宝洁前 CEO 拉夫雷就经常使用因特网来分享信息，尽管这些信息并不都是他亲自输入的。领导力不应该只通过面对面沟通或广播媒体来传达，它还必须通过网络来表现。领导者必须能够判断哪种媒体最适合传达某个信息。聪明暴民组织是所有领导者在创造未来时必须直接或间接使用的技能，而且使用时能够带有自己独特的风格。

第十章 公地创造

孕育、培养和发展共享资产，以便让各方共赢，同时在更高的层次上进行竞争的能力。

公地创造（Commons Creating）指的是与他人一起为更大的利益共同奋斗的能力。

数字联系将极大地改善我们创造新公地以及新的价值交换形式的能力。我坚信，虽然相互之间的联系可能会带来新的威胁，但大家相互联系得越紧密，你就会觉得更加自由和安全。作为同一个星球上的居民，我们在寻找新的共同点。我们之间有哪些共同之处可以让世界变得更美好？

新的共同点指的是能为财富和价值创造提供平台的共有资源，它源于人与人之间的相互联系，采用了双赢而非一方赢一方输的思维方式。新的共同点可以让多方共赢。

公地创造是未来所需十大领导技能中最高级、最重要的一项技能。未来十年，我们将会见证更多新的公地结构。下面是几个现有的例子：

· 斯瓦尔巴全球种子库（Svalbard International Seed Vault）：用来保存全世界农作物种子的储藏库，位于北极附近一座砂岩山的山腰上。这个工程得到了联合国粮农组织和挪威政府的支持，被称为是全球农业的“诺亚方舟”。该种子库于2008 年年初正式运营，旨在为后代子孙保护农作物的多样性（见图22）。

图22　斯瓦尔巴全球种子库：位于北极附近的一个山腰上，用来报讯全世界农作物的种子

图片来源：已获得斯瓦尔巴全球种子库及摄影师 Mari Tefre 的使用许可。

· 创业邦：（Ponoko）根据用户设计制造产品的在线平台。用户可以购买、销售、创造和定制其设计。因此，创业邦已经成为开源设计的一个公地。

· 杂货商联合会（Unipied Grocers）：总部位于加利福尼亚，向位于美国西海岸的零售商分销食品。联合会由其会员所有，并根据造福全体会员的原则进行架构。该公司虽然是一个传统的食品公司，但正在向一种新的模式转型，以允许更多更先进的竞争形式。

· 全球生活项目（Global Lives Project）：一个全球“人类生活视频记录馆”，由未来研究院研究部主任大卫·伊万·哈里斯创立。该项目吸引了众多电影人用摄像机记录下全球普通人的日常生活。在400 多位志愿者的通力合作下，全球生活项目向大家真实地呈现了其参与者的生活和世界观，加深了人与人之间的相互理解，为相互交流创造了一个创新的多媒体平台。

·CCL 高级研究员兼创新专家斯坦·格林斯基维茨（Stan Gryskiewicz）于 1981 年创立了创新经理人协会（Association for Managers of Znnovation，AMI）——最早的创新领导者的公地之一。AMI 是各个组织和公司的创新领导者相互交流的思想盛会。每次会议，其成员都会参与一个叫做“提问、分享和宣传”的环节。参加这个公地的人仅限于在组织中的创造力和创新领域，至少负责两个版块的领导者，会员人数限定在 200 人以内。

未来领导者将需要创造新的公地，为合作和共同成功创造机会。基于云的超级计算将为公地创造提供一个强大的新设施。

实际上，寻找新的共同点就是寻找能够同时造福各方的益处。当今世界，有一个赢家通常意味着还有一个输家。但在充满困境的未来世界，如果领导者能够化困境为机会，就会大大增加找到双赢解决方案的概率。

彼得·巴恩斯（Peter Barnes）在其著作《资本主义 3.0》（Capitalism 3.0）中将介于公有和私有之间的区域称为“第三种经济形态”。这个标题本身就是扭转困境的一个例子。目前对于资本主义的定义存在公有与私有之间的内在矛盾。这不是一个可以解决的问题，而是一个可以扭转的困境。两者之间的平衡可好可坏，取决于你看问题的视角。《资本主义 3.0》用新的网络语言来阐释一个老的概念，重构我们看待资本主义的方式。

传统的资本主义认为，自我利益是发展的驱动力。巴恩斯理解资本主义创造利润的压力，但他对未经证实的想法存有质疑，并在公有和私有之间创造了进一步挖掘的空间。正是在这个空间，有趣的新领导方式以及创造新共同点的机会将会在未来十年出现。

Innocentive、Ninesigma 以及 YourEncore 为科学咨询提供了一个公地。这几个公司刚开始都是一个聪明暴民组织，但现在都已经转变成了一种类似于 eBay、旨在共享研发资源的公地。

制汇节已经成为了创客们相互交流、分享的平台。更重要的是，在这个平台上，创客们可以相互学习。每个创客都是某个网络的一部分，而制汇节放大了这些网络。领导者可以利用制汇节之类的活动实施他们的想法，了解他们的产品是如何被改造的。我想这就是微软为那些攻击微软产品的黑客、创客们赞助整个展台的原因。

在黑客成为网络罪犯的代名词之前，黑客这个词常常用来指将技术应用到极致、发明了很多新的用途或应用方式的天才。黑客们通过打破旧系统，重建了更好的新系统。渐渐地，很多公司开始对提出新想法的黑客进行奖励。黑客可能是未来一代新产品和服务的首创者。他们还能探索创造新的共同点的机会，包括供黑客自己使用的共享资源。当然了，黑客和网络攻击也带有一定的犯罪色彩，但我们不能因此而忽略其正面的作用和影响。

在就读研究生期间，我读过加勒特·哈丁（Garrett Hardin）所著的经典文章《公地悲剧》（Tragedy of the Commens）。悲剧源于个体为了自己的利益最大化，导致共有资源遭到破坏。当时的世界，资源非常有限，自足的系统也很难发展。但在云计算时代，公地逻辑却不一定会导致悲剧。实际上，目前，创造新公地的机会比以往任何时候都大。

未来，我们可以把资源从一个区域转移到另一个区域以形成新的公地。由网络放大的新公地将提供更多实现双赢解决方案、使个体利益与公共利益相一致的新机会。新公地将使资源共享和使用规则变得更加清晰。传统的个体利益将扩大。竞争依然重要，但具体的情境会有所不同，新的情境将让竞争变得更加有利可图。

不过，要想在组织内外寻找潜在的新公地，需要领导者充分发挥其创造性思维。

公地创造的定义

公地就是能让多方受益的共有资产。如果一个球队改善了体育场，所有在该场地运动的球队都将受益。公地创造关乎扩大市场，而不仅仅是市场份额。

公地有很多种，比如公园、城市广场、海滨和市场。很多公地都明显以公共利益为主，但以市场为导向的公地则强调为人们提供一个共享资源的平台，以便各方能够在更高的层次上展开竞争。

对某些人来说，“公地”这个词可能没有“共享资产”容易理解，但我个人很喜欢“公地”这个词所包含的激励意义。

组织和人们能共享哪些东西才能让所有人的生活变得更美好？你拥有的哪些资源可以分出一部分变成共享资源？公地就是个人和群体可以用来创造更多公共利益的平台。对于领导者来说，他们面临的困境是为其所在的组织效力，同时营造公地为周围的其他社区造福。例如，如果某公司做了一件既有利于公司，又有利于行业的事，那么整个行业都会发展，而不仅仅是一个公司。

聪明暴民和公地这两个概念之间并没有清晰的界限，但公地倾向于用长远的眼光来看待共享资源。聪明暴民可以演变成公地，但很多聪明暴民是临时性的，而公地则有很好的延续性。

eBay 是一个供人们买卖商品的网络市场公地。它提供了评价买家和卖家的评估机制，所以能够保证公平买卖。现在，它已经成为一个帮助人们做生意、买东西的大型公地平台。

拥有很强的公地创造能力的领导者将善于调用共享资源。从一定程度上说，这一点一直都是公司生活的一部分。但在云计算时代，领导者必须超越其自身利益及聪明暴民组织，以便为创造未来提供新的环境。

领导者将利用聪明暴民来创建新的合作结构，这么做不光是为了共同利益，还能让人们在更高的层次上进行竞争，并带来更高的利润空间。新公地的建立还能带来更高的清晰度，让公司和竞争能够不断发展。公地游戏不是一场你赢我输的较量，其目标是寻找双赢的解决方案。通过扩大游戏场地和提升游戏的等级，每个参与游戏的人都将获益。

虽然，领导者正在面临着前所未有的挑战，但用来创造新的合作平台的工具和媒体，尤其是云计算，将变得越来越先进。云计算时代的通行货币将是互利互惠。

公地悲剧在某些情况下依然存在，比如在海洋进行捕捞，但网络的应用可以让公地大大增加找到共赢解决方案的机会。

公地创造能力是其他 9 项未来领导技能的最高境界。由于这项技能非常复杂，而且牵涉的利益相关方很多，所以创造公地通常都有点令人沮丧，但对于那些能做到这一点的领导者来说，其结果又非常令人满意。作为未来领导者所需的 10 项领导技能中最重要的一项，公地创造建立在其他 9 项技能的基础之上。

未来的公地创造

未来十年，领导者将有机会重塑或扩展其组织的经营目的。在充斥着全球互动媒体的世界里，公司将有更多机会创造市场价值和更多公地。公司将成为现有公地的主要保护者，同时倡导建立更多新公地。比如，塔吉特百货每年拿出其利润的 5% 来回馈其门店所在社区。这是一个保护当地现有公地的例子。但如果扩展到在社区经济或物美价廉的饮用水领域创造新的公地，情况又会怎样？当然，商业利润对企业来说固然重要，但企业要想可持续发展，就必须考虑长远的社会利润。公地创造要求领导者不但要关注商业利润，还要重视社会利润。

作为公地的流散群体

从定义来看，流散群体属于公地：群体中的成员拥有共同的价值观和看待世界的方式。由于在群体内部，共享已经是常态，所以群体可以更快地建立新的公地结构。

对于群体来说，他们面临的挑战是发展超越现有群体范围的新公地。虽然，在群体内部，发展公地比较容易，但涉及群体之外的人时，可能就会很困难，因为群体不善于与局外人或其他群体打交道。他们可能会为了自己的利益发展公地，但他们可能会把群体之外的人排除在外。

由美国国家地理（National Geographic）牵头的基因地理组计划（the Genogrnphic Project）就是一个很好的例证。该计划通过获得不同人群和家族、家系的数据，再把这些数据进行比对，勾画出一个非常庞大的全球人类发展脉络的谱系树。现在，作为一个星球，地球才刚刚完成从农业社会向城市社会的转变。未来十年，人口流动会以更惊人的速度持续。基因地理组计划其实是追踪人类 DNA 演变过程的一种尝试。从中吸取的教训是：如果群体有一个可以保留其基本价值观的公地，那么大多数群体都可以持续发展下去。

印度管理学院教授阿尼尔·古普塔博士（Dr. Anil Gupta）在印度创建了蜜蜂网络，用来记录印度的传统知识和草根创新。蜜蜂组织的创办还受到印度国家创新基金会和科学与工业研究委员会等机构的支持。

古普塔所谓的“蜜蜂哲学”建立在交流和协作的基础之上，旨在把创新带到公众领域。目前，该网络拥有来自印度、蒙古、肯尼亚、越南、乌干达、哥伦比亚、厄瓜多尔和北美的 10 多万个想法、创新和传统实践。该网络的通讯简报覆盖了 75 个国家。

政府支持的公地

近年来，在政府支持开源运动方面，巴西成为了一个热点案例。其对开源的支持随着政府从微软转向 Linux 而变得更加凸显。微软的源代码没有开放，所有权属于开发人员，其他人无法对其代码进行学习或改编。这就意味着微软的软件必须购买，而且软件升级时也有相应的费用。

相比之下，Linux 的开源软件是免费的，而且更加透明、容易获取。有人把这看成是消除技术发达地区和技术欠缺地区之间差距的机会。

《数字排斥：信息化时代下的悲剧》（Digital Exclusion：Misery in the Information Era）的作者塞尔吉奥·阿马杜（Sérgio Amadeu）认为，政府应该停止在政府工作领域使用闭源软件，同时加大在开发开源软件方面的投入，以便创造一个围绕开源软件的公地，让整个巴西的经济受益。

在巴西这场开源运动中，还有其他一些领导者参与其中。例如，罗纳尔多·雷蒙斯（Ronaldo Lemos）因其在“创造性公地”方面的工作而著称，他认为应该在封闭的知识产权所有权之外有其他版权选择。在“创造性公地”授权的前提下，信息可以被指定为“保留部分权利”或完全为公众开放。根据不同类别的“创造性公地”授权，用户可以对信息进行加工、改变或重新定义。此外，雷蒙斯还是使用 Overmundo——一种来联合报道当地文化新闻的 Web 2.0 的工具的先驱之一。文章在发表之前要经过评审和投票环节。这个工具使各种原本不可能为人所知的文化观点得以传播，而且，与此同时，让用户积极参与到了信息加工的环节。

现在，巴西已经成为开源思维和应用开源逻辑创造创新空间的引领者。

开放的领导力公地

艾米·舒尔曼（Amy Schulman）是法律界的领导者，也是一位公地创造者。她曾是欧华律师事务的合伙人，目前在辉瑞公司就职。她非常善于为项目创建合适的团队，发掘大家的共同利益，同时在更高的层次上进行竞争。她的同事这样评价她——“艾米非常善于倾听，而且非常清楚自己的优势和劣势，并能够找到合适的人来填补她的劣势。”

艾米为女律师创造了一个公地，帮助她们聚焦职业发展。海蒂·李维（Heidi Levine），一位年轻的合伙人，在谈到艾米对她进行法律机制和商业战略方面的辅导时，这样说道：“直接向她学习让我在职业生涯的早期就能够快速成长，如果没有她，我肯定不会进步这么快。对于我的下属，我现在也在这么做。很多时候，上级合伙人通常都不愿意与他人分享这方面的信息，因为这可能让他们失去某种优势，但艾米却这么做了，而且，我认为这么做不但没有让她失去优势，反而让她变得更加强大。”通过努力帮助他人发展，艾米创造了一个公地——一个既有共同利益又有更多责任的共享空间。

公地创造是领导者的工作，但这些领导者并不一定来自公司的最高层。有时候，低级别的领导者也能创造公地。关键是领导者能够后退一步，创造一个空间，并以开放的态度来为共同利益维护这个空间。这样，其他人才能进入并填补这个空间。

这种自下而上的公地创造在艾米职业生涯的早期非常明显。当时她在位于纽约的佳利律师事务所任职，刚从暑期实习律师转到一个全职的项目，负责一个大的国际客户。她的工作职责包括对本地律师进行培训。很多律师都比她年长、经验更丰富，所以，要做好这项工作，就要求有很强的人际交往能力和对于他人处境的敏感度。在学习如何创建团队并让团队高效工作的过程中，她逐渐领悟到寻找并创建共识的重要性。她关注的不光是自己的绩效，还非常重视激励和发展团队。

数字时代新生儿和公地创造

CCL曾为青少年定制了名为“早期领导力工具箱”的领导力发展项目。CCL的总裁约翰·瑞安说：“领导力就像肌肉，你锻炼得越早，它就会变得越强壮。”该项目帮助青少年培养基本的自我发展技能、学习指导技巧，并理解CCL的哲学。2011年，未来研究院和CCL携手在帕洛阿尔托举办了一场有关未来思考的培训培训师（Train the Trainer）项目。该项目由两部分组成，分别是：了解未来和引领未来。该培训向参与者介绍了青年人在未来十年可能面临的机会和挑战，并告诉他们未来思维方式如何能帮助他们在今天作出更好的决策。未来研究院还专门组织了一次沉浸式情境研讨会，以启发参与者思考未来。这就是围绕青年领导力发展而建立公地的一个例子。

金融公地

有些金融机构本身就是公地，比如信用合作社或那些专注于特定社区或目的的银行。的确，金融市场在一定程度上来说，就是公地，虽然其中的大部分都更关注个人利益，而非社会利益。

房产抵押也是一种公地：社区开办银行，为当地居民提供贷款，帮助他们建造房屋和做生意。不过，现在，房产抵押已经被打包、转卖，变成了一种短期交易工具。而要想找到支持当地社区的金融公地则更加困难。

不过，金融公地这个想法并没有消亡。比如，借贷俱乐部就是一个例子：俱乐部的会员相互之间可以以低于市场的利率进行借贷。这些网络组织正在为那些想通过公地服务做好事的企业家创造新的模式。

还有一种方法是Kiva网站发明的，即把微额贷款和公地创造结合在一起。

在本书前半部分，我提到过穆罕默德·尤努斯（Muhammad Yunus），他创造了一些新的公地，为当地居民（大部分是女性）提供微额贷款。尤努斯的这一做法在当地产生了非常重要的影响。Kiva 网站现在创建了一个网络平台，任何人都可以成为尤努斯式的社会投资人。在这个网络结构中，特定的个体可以申请特定的贷款类型。投资人可以在双方认同贷款偿还条件的基础上，自行决定把钱借给谁。Kiva 还为投资人提供了向发展中国家的某个特定的创业者提供贷款的途径，以帮助他通过自己的努力摆脱贫穷。这就是通过 Kiva 网站进行的一对一个人贷款。

其他公地实例

由于公地创造是领导者最难掌握的一项领导技能，所以我想多举几个例子。当然，传统公地我们也应该考虑，比如欧盟、联合国和北约。但未来十年的公地将有所不同。请看下面的这些例子，其中，有些组织可能不会用“公地”来描述其活动：

· MDVIP：一个以赢利为目的的医生网络。医生们通过对其业务流程进行改革，限制了每个医生每天的接诊数量（这样每个病人才能与医生进行更充分的沟通），以便更好地为追求健康生活的人提供服务。MDVIP 是一项基于在分散的网络中共享健康资源的业务。

· OScar：一个类似于公地的项目，用相同的开源标准底座和材料，开发出不同的车型。该项目的目标是突破目前汽车行业的局限，利用开源原则重新创造机动性。

· COMPASS：COMPASS 是科学家在海洋保护科学、公共利益和海洋政策方面的一项举措。他们关注的焦点是海洋生态系统服务和基于生态系统的管理。海洋周围分布着很多国家，COMPASS 就是协调不同国家之间利益的一种尝试。

· 原生态农场联盟：这是一个旨在保护和恢复原生态自然环境的农业公地，希望“基于社区、管理良好的农场和牧场能够完全融入周边的自然环境，为各种本地物种和生态过程提供适宜的空间。”这就是我对于未来恢复性公地的想法。

这些以未来为导向的公地实践只是一些例子，目的是帮助你更好地理解这个概念。毫无疑问，未来十年，公地的概念会不断演变，过去从实践中积累的经验会逐渐转化成新的公地组织和公地网络形式。领导者将有机会以前所未有的方式来关联并创建公地平台。

基于互利互惠的创新

公地创造是以互利互惠为起点的一种创新。虽然自身利益依然是互利互惠的一个重要部分，但互利互惠关注的远远不止自身利益。在很多交易中，每一方都只关注自己的利益最大化；但在互利互惠的思维方式下，视野就会更开阔：对于各方，包括自身，有什么潜质价值？如何创造能让多方受益的共享利益或公地？当然，互利互惠不同于利他主义或博爱主义，互利互惠关注的是对各方都有价值，而不是一方给予另一方的馈赠。不过，为了长期获得价值，参与各方在从公地受益的同时，还必须为公地作相应的贡献。

基于互利互惠的创新是以明智的方式给予，并相信自己的付出会在一定时间内得到回报。“以明智的方式给予”是指仔细思考一下，自己有哪些盈余的资源可能对他人有价值。基于互利互惠的创新不是简单的交易，也不是单纯的给予。

不过，基于互利互惠的创新也有一定的风险，因为不能保证你总能得到你期望的回报。你对得到回报的信念其实是源于你相信，你的付出会为自己和他人带来更大价值。

基于互利互惠的创新要想持续，就必须在一定时间内获得回报。要创造一个公地就应该保证它能够存活并且持续下去。需要再次强调的是，互利互惠不是博爱主义，不过，得到回报要等待的时间将比传统的交易要长。基于互利互惠的创新获得回报的时间，一般以年来衡量，而不是月，更不可能是天或小时。

20 世纪 70 年代，我刚步入职场时，IBM 还在以很低的利润销售大型机器。现在，IBM 几乎已经剥离了那块业务，开始免费或亏本给客户提供软件，然后通过卖服务来获取高额利润。IBM 发起的“智慧的地球”活动不但推广了其品牌，还发扬了互利互惠理念：给予并相信能得到更多回报。虽然 IBM 并不这么叫，但它正在用行动实践基于互利互惠的创新，并从中获利。与此同时，它还为 IBM 之外的更多人创造了新的公地。IBM 正在孕育一个智慧的地球，其服务能够不断支持它的发展。

正如我在前面所说，未来转变的大趋势注定是从封闭变得开放，但转变的过程会很艰难。这种大趋势就意味着，基于互利互惠的创新会越来越普遍，而且在有些情况下，可能很难避免。现在，IBM 已经是这场转变中的引领者。不过，即使某个公司不开放，强大的外部力量也会迫使它往那个方向发展。

例如，2010 年冬天，微软为其 Xbox 360 游戏平台发布了 Kinect 平台。Kinect 的开发代号是 Natal，是针对计算机的第一款体感交互界面，所以它也是里程碑式的一款产品，能够孕育更多形式的创新。Kinect 可以让用户通过动作或语音来与计算机进行互动。虽然，它最初是以游戏界面的身份被开发的，但它还有更多应用的空间和潜能。

Kinect 发布之后没几天，就受到了黑客攻击。微软随即宣布将对任何攻击 Kinect 平台的人提起诉讼。但与此同时，微软又为最佳 Kinect 黑客颁发了一个奖项。几个月后，微软开放了其 Kinect 平台。

Kinect 的故事就是被迫进行基于互利互惠的创新的一个实例。微软本想着保护其知识产权，但最终发现它根本做不到。现在，它开始以一些非常有创造性的方式变得越来越开放。

未来，保护创新的想法会变得越来越困难。很多时候，把新想法公之于众，同时保持自己的创新优势反而比想方设法保护这些新想法来得更容易，不过，前提是，你要找到将新想法的价值以金钱的形式释放出来的方法。未来十年，基于互利互惠的创新将越来越实用，新的公地也会不断涌现，并催生出新的市场和新的创造价值的机会。

基于互利互惠的创新并不容易，公地创造是未来领导者所需十大技能中最难掌握的一项技能，但创新的潜能却是前所未有的。未来，创新可以源自各个领域。

正如我在本书第三章中所述，20 世纪 70 年代，我初次与宝洁全球研发部门合作。那时候，宝洁提出的组织科学家网络这个理念非常强大，而且这个网络也大大增强了宝洁的创造力。当拉夫雷明确提出，宝洁一半的产品创新想法都要来自公司外部时，这个网络就在逐渐形成了。在不久的将来，在云计算的支持下，创新将无处不在，而且人人都可以创新。任何人都可以获取这些创新资源。

我觉得，基于互利互惠的创新将成为有史以来最大的创新机会。未来，世界会变得越来越开放，相互之间的联系也会越来越紧密，在这种情况下，创造新公地的机会将无处不在，而且人人都有机会创造新公地。

本章小结

正如前文所说，这次十年预测是我做过的最恐怖的一次，但也是最充满希望的一次。我之所以满怀信心，是因为我们有创造新公地的潜能。

我们将面临很多前所未有的挑战，比如全球气候灾难、流行疾病、生物恐怖主义和其他一些严峻的事实。当然，每代人都会觉得自己所处的时代比前面的任何时代都糟糕，但平心而论，接下来的十年的确比以往任何时候都充满威胁。

不过，相互之间越来越紧密的联系可能是我们的优势。领导者将有机会创造新的公地来解决最严峻的挑战。大家相互之间联系得越紧密，我们就会越安全、越强大。随着网络技术和云计算的不断发展，人们之间的沟通和合作肯定比以往任何时候都顺畅。

本书中讲述的十大领导技能相辅相成，包括创造本能、清晰、扭转困境、沉浸式学习、生物同理心、建设性和解、低调透明、快速构建、聪明暴民组织和公地创造。

这 10 项技能从个人本能开始，一直到集体行动。创造本能来自于人们内在的欲望，而公地创造则非常复杂，而且有很强的社会性。不过，创造公地的根源也和创造本能有关，即公地创造实际上是创造可持续、共享的资产的欲望。公地创造需要扭转困境的能力和建设性和解，但卓越的领导者还能透过复杂的现象，清晰地看到他们正在试图建立的公地的本质。大自然能够给公地创造提供一些启示。领导者在创造新公地时，必须在过程中不断进行快速构建，并利用聪明暴民组织能力，让公地变得可持续。

这 10 项技能可以帮助领导者有效应对各种挑战，创造更美好的世界。

在我们思考未来，为未来进行规划时，孩子是我们相互之间的共同点。孩子让我们，尤其是做父母的人，变得更加谦卑。这一代的孩子——数字时代新生儿——将创造我们之前无法想象的新公地。一想到我们想要留给子孙后代的世界，我们就会充满干劲儿，努力创造新的公地，创造更美好的未来。

在充满变化、不确定性、复杂性和模糊性的世界，这 10 项领导技能将是帮助领导者成功的基础。虽然，未来会有很多棘手的问题和挑战，但人们相互之间的紧密联系将为我们创造改变未来的新机会。

第十一章
以未来视角审视领导力发展项目

自从三年前《领导者决定未来》的第一版问世以来，我为一大批公司、非营利组织及政府机构做过150多个领导力发展项目。通常，项目的第一天都是安排我为领导力发展设定一个未来情境。

我坚信，了解未来的最佳方式就是置身其中。既然现在到处都有未来给我们的信号，那我们要做的就是仔细倾听未来，找到驾驭未来的方式。

以沉浸式学习体验为主的领导力发展项目可以帮助领导者为未来做好准备。在这一点上，传统的讲座或以课堂教学为主的培训项目就远远不够了。

本书的目的并不是要取代现有的人才和领导模型，而是给你提供一种未来的视角，帮助你重新审视你正在使用的模型以及你用来培养领导者的相关项目。

图23是CCL用来培养个体领导者的模型：方向、一致和奉献。领导力发展项目可以在方向确立、培养一致性以及奉献精神方面提供非常实用的经验。在充满变化、不确定性、复杂性和模糊性的世界，困惑无处不在，所以领导者明确方向的能力就显得尤为重要。随着世界两极分化的加剧，要做到统一、一致会非常困难，领导者必须有能力超越目前的两极分化状态。在VUCA世界，扭转困境和建设性和解将成为实现一致性的关键领导技能。要实现一致，就要求对他人保持开放的态度。排他性思维方式可能使一致性变得不可能实现，尤其是当领导者陷入自己的僵硬信条之中时。把洞见转化为行动则需要奉献精神。在未来世界，让人们投入和奉献将会越来越困难。奉献精神源于互利互惠，即通过给予来实现更大的长期价值。

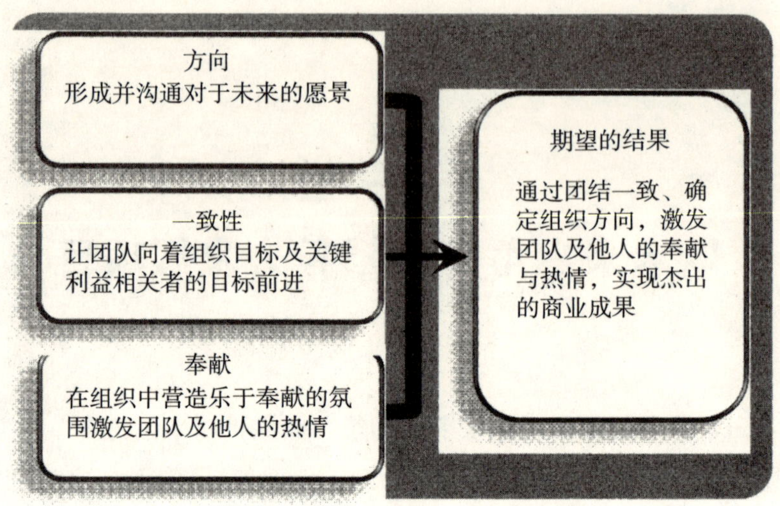

图 23　领导力发展 DAC（方向——致性—奉献）模型

图片来源：CCL。

方向、一致性和奉献还关系到预见、洞见和行动，如图 24 所示。这个模型为以未来为导向的领导力发展项目提供了基础。

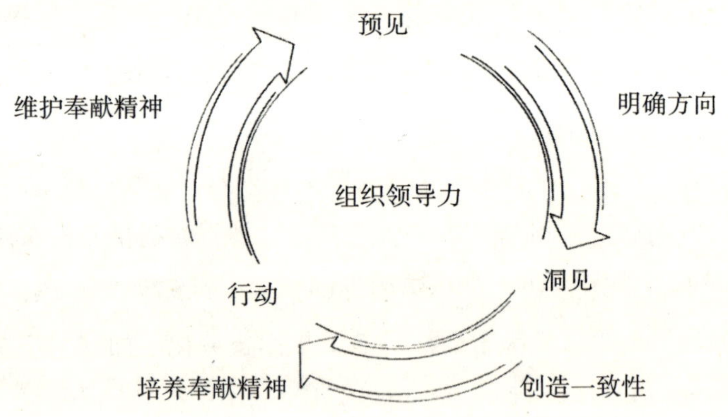

图 24　“立足于未来进行领导：”未来研究院的预见—洞见—行动循环与 CCL 的方向、一致性和奉献模型的融合

注：这才是立足现在，面向未来的领导方式。

图片来源：未来研究院和 CCL。

方向存在于预见和洞见之间。对于未来十年外部力量的预测可以为组织的发展方向提供一个未来的情境。组织可以利用哪些外部变革？哪些变革应该规避？

一致性存在于洞见和行动之间。预见可以激发洞见，即使你并不认同这个预见。当洞见引出方向之后，一致性就可能实现了。

在美国，很多和我合作过的商业团队都急于实现一致性。但实际上，一致需要时间，如果急于求成，可能更容易四分五裂。

奉献在行动前和行动后都存在。培养奉献精神发生于行动之前，而维护奉献精神则发生于行动之后。领导者必须不断地培养奉献精神才能使其可持续。

CCL 帮助当前的领导者为未来做好准备，而未来研究院采用的则是基于预测的一种方法。我坚信，领导者如果培养了新技能，就能建设更好的组织、更好的社区以及更好的世界。自本书第一版问世以来的三年间，领导者既看到了希望，也感受到了一些恐惧。

领导力发展项目必须为领导者的个人成长创造机会，而不仅仅是为了组织的发展。图 25 显示的是 CCL 基本的个人领导力发展模型：评估、挑战和支持。

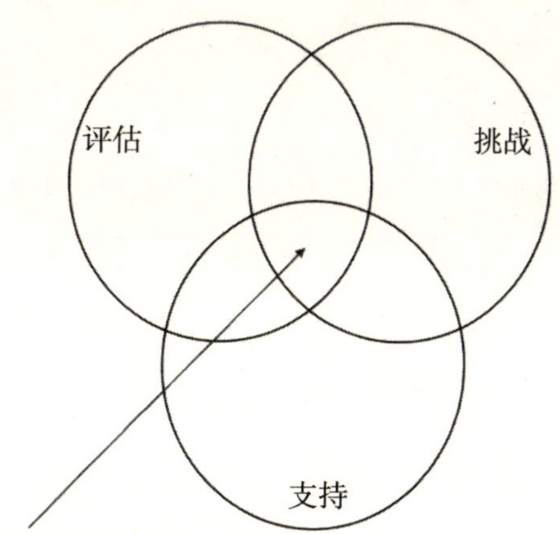

图 25　CCL 的个人领导力发展模型：评估、挑战和支持

图片来源：CCL。

评估指的是自我评估，目的是为了审视自己在领导力发展过程中所处的位置，以及应该达到哪个位置。

挑战代表了你为自己选择的一系列学习活动。

支持指的是你为了保证自己的领导力发展项目的成功，需要的人力、资金及其他资源。

如果从未来研究院的预见—洞见—行动的角度来说，评估应该存在于预见到洞见的这个环节（如图 26 所示）。预见设定了一个未来的情境，在该情境中，你可以评估你的领导者，并且问问自己，他们在其领导力发展过程中处于什么位置。预见在自我评估之前，它描述了未来世界的情境。

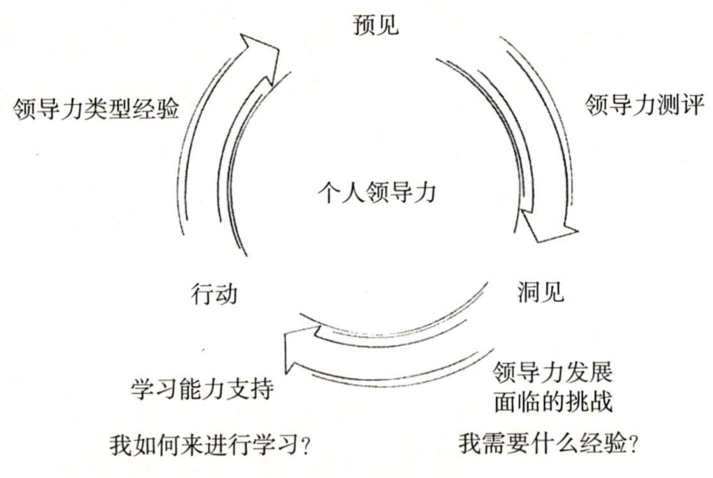

图 26　未来的领导力发展过程

图片来源：未来研究院和 CCL。

既然了解了未来的情境以及目前领导者所拥有的技能，你就能为该领导者设计一个领导力发展项目了。你的领导者需要哪些沉浸式学习体验？你提供的挑战应该在洞见与行动之间，更偏向于洞见。洞见就是由预见而激发的顿悟。在读本书的过程中，你对于你的组织和你的领导者有什么顿悟吗？你的组织在哪些方面还需进一步改进才能更好地适应目前这个充满变化、不确定性、复杂性和模糊性的世界呢？

最后，你还必须为你的领导者提供个人支持以便推进领导力发展项目。这就是所谓的行动阶段，你必须决定，要采取下一步行动你还需要什么。每个人都有一定的学习能力，但要想激发出大家的这种内在学习能力，还需要他人的支持。不过，具体的支持形式却因人而异。

CCL能提供各种领导力体验，帮助你应用这个评估—挑战—支持模型。《领导者决定未来》一书能给读者提供一种未来的视角，帮助大家了解未来十年需要哪些新的领导技能，从而为现在的领导力发展提供指导。

沉浸式体验

好的领导力发展项目不光让大家阅读有关领导力的文章，听相关讲座，还提供大量的体验式学习的机会。本书中总结的未来所需的十大领导技能就可以作为沉浸式学习体验的一部分，用于领导力发展项目和研讨会。例如，在研讨会中，我经常用这十大领导技能来把未来十年的预测与领导者团队联系在一起。你的组织最需要哪些领导技能？这是一个需要领导者仔细考虑的重要问题。

在参加领导力发展项目之前阅读本书，或在项目之后阅读本书也能帮助大家聚焦未来所需的领导技能，让大家认识到这些技能的重要性。所以，从某种意义上来说，本书是强化领导力发展项目效果的实用且有效的补充。

在给这十大领导技能命名时，我想法设法让它们吸引眼球。不过，这些名字可能和你们现有的能力模型不太匹配。即便如此，你也可以以此为机会，将现有的模型与这十大领导技能进行比较，看看有哪些共同点和差异。针对现有的模型，这十大领导技能能给你带来什么启发？还有哪些需要改进的地方？

我们的有些客户就细致地对比过其能力模型和本书中所讲的未来所需十大领导技能。有的在了解了这十大领导技能后，对他们原有的能力模型做了修改。比如，有家公司原来特别强调问题解决能力和分析能力，而不够重视如何在困境中胜出的能力。但在了解了未来所需十大领导技能，特别是扭转困境的能力之后，他们改变了其招聘标准及领导力发展战略，开始强调扭转困境的能力。不过，他们对该能力的叫法略有不同。

这一点也很好理解，因为对于不同的群体和文化来说，有的名称可能更容易被理解和接受。在了解了这些技能之后，我们可以调查一下大家的意见，看看是否缺失了某些重要的技能。本书中总结的十大领导技能并非囊括了未来领导者所需的所有技能。有时候，让组织自身去识别并命名其未来所需的领导技能可能会更有效。也许，我总结的这十大领导技能能够对组织有所启发，从而提出更适合该组织的技能清单。

需要提醒各位的是，大家不一定要认同本书中提出的未来所需的十大领导技能。如果领导者在看到本书中的这十大领导技能后，提出了更适合其组织特殊情况的技能清单，本书的目的就达到了。

截至目前，我已经和很多群体一起探讨过这十大领导技能。实践证明，它们能给很多不同类型的领导者带来启发，非常具有建设性。我向大家介绍这十大领导技能的目的就是为了引发大家关于未来领导力的讨论，从而为各自的组织提供指导。

通常，我会在介绍这十大领导技能之前，让领导者进行自我评估（参见第十二章）。有时，我让他们评估其领导团队。如果我和某位平面设计师一起做项目，我会问一些问题，然后让参与者们回答，不过他们只需要举手就可以了，不用真的回答。然后设计师会根据参与者的表现快速地画一个反映该领导团队技能的图表。

在第二版中，贝瑞特—科勒提供了一个在线自我评估（具体网址为：www. bkconnection. com/leaders - sa，建议在领导力发展项目之前或之后使用），在研讨会或课堂上使用时，有价格优惠。你也可以让大家在书上做自评，并做相应的笔记。在线测评有一个好处是，它能自动生成测评结果，不过，在书上（不管是传统的纸质书还是电子书）记笔记也非常有用。

有时候，我让领导者列出（从十大领导技能中选择 4 项）他们认为自己已经具备的 4 项技能。如果他们觉得不止 4 项，那就选择最能体现其领导技能的 4 项。如果他们觉得达不到 4 项，那就实事求是，有多少写多少。每个领导团队都有某些它认为自己擅长的领域。看到不同的领导团队最看重哪些技能、最忽略哪些技能是一件很有意思的事儿。每次我做这个练习，都能得到很有意思的结果，并因此引发非常有建设性的讨论。

图 27 显示的是我给麦当劳的领导力学院做过的一次自评结果。对于年龄不超过 25 岁的群体，我会用这种挂图以及贴条。我让参与者先进行自评，然后在表上相应的位置贴上贴条。如果他们贴得很仔细（在这一点上，我会辅导他们），就能马上得出非常直观的柱状图，并由此展开热烈的讨论。我会问他们："这样的结果对你有什么启示？"看到他们对自己的评价——最擅长的以及最需要改进的方面——是一件非常有趣的事情。

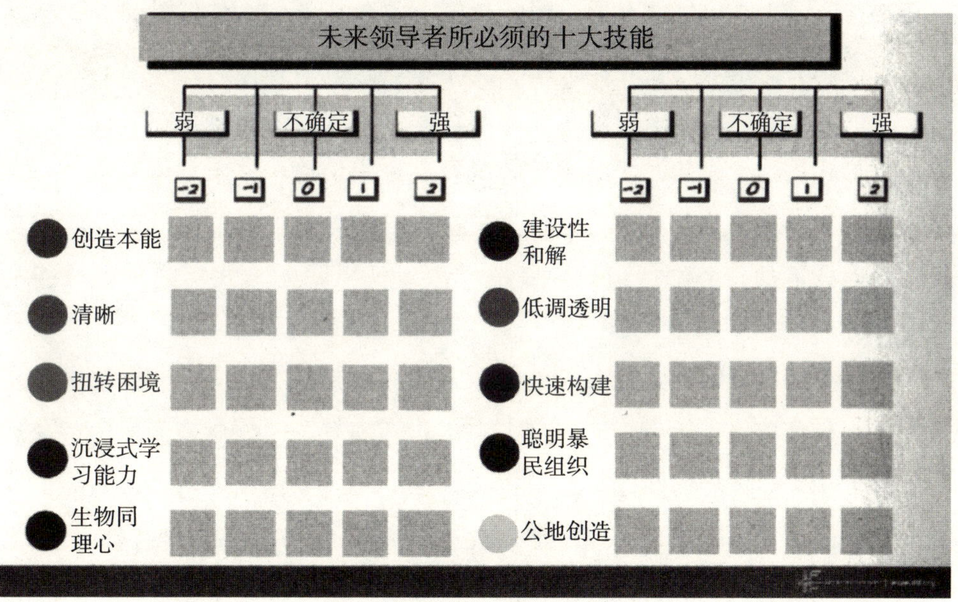

图 27　未来领导技能自评表示例

图片来源：未来研究院和麦当劳领导力学院。

如果你让一个领导团队做这个练习，你可以问问他们其团队缺乏什么技能。得出的结果是否意味着该团队需要具备不同未来所需技能的新成员的加入？是否表明该团队在某些方面还需进一步改进？

例如，我合作过的很多领导团队在生物同理心方面普遍比较缺乏，所以很多团队决定在这个方面进一步改善。很多团队来自工程背景，所以生物同理心对他们来说很陌生，除非在他们成长的过程中，有一些与大自然亲密接触的体验。

此外，很多领导者觉得扭转困境非常困难，因为他们之前接受的教育和培训都以解决问题为目标，而且他们也正是因为解决问题的能力才走上了今天的领导岗位。很多人固执地认为他们完全可以凭借解决问题的能力在充满变化、不确定性、复杂性和模糊性的未来取得成功。他们不想听到这样的论调：有些问题不能解决或不会消失。未来，如果走上最高领导岗位，只关注解决问题的人可能会遭遇严重的挫败感。很多问题解决者认为自己没有什么需要学习和改进的地方。

最后，对当今领导者来说，聪明暴民组织和公地创造是最不同寻常的两项技能，但对于未来的领导者而言，它们却是必需的。

好的研讨会经常会采用沉浸式学习体验的形式。未来研究院就设计了很多不同形式的游戏体验，帮助领导者沉浸到未来情境中，亲身体验每一项未来所需的领导技能。参与者根据各自最擅长的领导技能组成团队，共同完成需要不同技能的任务。这为领导者提供了以低风险的方式实践这些技能的机会。

我还总结出另外一条经验：最好在研讨会刚开始时就向大家介绍未来所需的十大领导技能，然后再呈现对未来十年的预测，因为对于预测的讨论经常要牵涉到领导技能的问题。在研讨会快结束时，我会让参与者回顾一下他们对自己的评估，因为这时候，他们会对这些技能有一个更好的认识，并尝试在十年预测的情境下进行应用。他们在最后做的评估通常比开始时的评估更有用。要让大家接受这十大领导技能，并以此对照自己的领导风格，找出相似点和不同之处，的确需要花费一定的时间。

在我介绍这十大领导技能的时候，我喜欢拿具备这些技能的领导者做例子。我最喜欢举得一个例子是杰伊·罗杰斯（Jay Rogers），一家名叫 Local Motors（www. local - motors. com）的创业公司的 CEO。从某种意义上来说，Local Motors 代表了一种未来发出的信号，因为它体现出了很多我在本书中提到的未来面临的外部力量。个人认为，杰伊·罗杰斯体现了所有这十项未来所需的领导技能。在研讨会上，我经常让大家观看我从 Local Motors 的网站上截取的一段视频，然后问大家，该公司的 CEO 从哪些方面体现出了这十大领导技能。

例如，Local Motors 用众包的形式来解决汽车的设计问题，而且，所有车型设计都针对本地市场。这就是聪明暴民组织能力的体现。如果 Local Motors 这一举措成功了，它就创造了公地。与其他公司不同，Local Motors 不自己进行设计，然后说服消费者去买他们不熟悉的设计，而是反其道而行之，让消费者自己来设计他们喜欢的车型，然后将那些最受追捧的车型设计投入生产（见图 28）。

图 28　Local Motors——“未来的车”

图片来源：Flickr user cocoate. com。

Local Motors 通过邀请人们参观工厂来激发他们的创造本能，让他们觉得自己也亲自参与了汽车生产的过程。让他们感受到这种参与感并不代表他们必须亲自生产汽车。同时，参观工厂也是沉浸式学习的一种体现，因为消费者们亲临其境地融入了真正生产汽车的工厂，而不是参观乏味的汽车展示厅。

杰伊·罗杰斯和 Local Motors 还体现出了“清晰”这一项领导技能，因为他们对于自己做什么和不做什么非常清晰，比如他们不自己生产汽车尾灯和引擎。通过举这么一个内涵丰富的例子，这十大领导技能就会变得非常贴近现实，容易被人们理解和接受。

在撰写本书的过程中，我给雪佛龙做过一次高级领导力发展研讨会，罗伯特·罗森（Robert Rosen）——《适度焦虑的力量：如何应对不可知的商业世界》（Just Enough Anxiety：The Hidden Driver of Business Sucess）一书（该书的标题对领导者就很有启发）的作者，也参与了该研讨会。期望非常重要，同时也很脆弱。领导者应该期待焦虑，同时寻找那些“焦虑适度”的情境来驱动自身领导力的发展。Local Motors 的案例就是一个能引发人们对领导力进行讨论的非常生动的例子。

变化、不确定性、复杂性和模糊性并不新鲜。我们每个人在生命中都经历过这种时刻。为了更好地理解本书的核心内容——十大未来所需领导技能，读者们最好能够放眼未来，站在未来十年的角度来看待这个问题。领导力发展项目在设计时应该帮助人们沉浸在未来情境中，让他们学会如何化威胁为机会。接下来介绍的这些方向性的转变可以应用到领导力发展项目中去。

变化催生愿景

在充满变化、不确定性、复杂性和模糊性的世界里，领导者必须明确他们希望创造的未来是什么样子。鉴于他们未来可能面临的外部力量，你的领导力发展项目能不能鼓励参与者发展自己的愿景和个人风格？领导力发展项目可以帮助领导者发展他们自己的愿景，并将它与组织的愿景进行统一，让领导者在创造未来的过程中，游刃有余地应对各种外部力量。

愿景之所以有用是因为很多人都被现实压垮了。在充满困境的世界，人们需要未来意图以便聚焦未来。领导者必须清晰地知道他们要去向何处，但对于如何达到目标则可以灵活处理。十大领导技能中的每一项都和愿景有关。

比如，生物同理心为去向何处以及在过程中应该避免哪些问题提供了非常有指导意义的自然法则。公地创造是对于共享资产的一种愿景，可以让更广大的社区以建设性的方式使用这些资产。不过，愿景必须结合领导者自身的透明度和力量来实施。

不确定性强化理解

领导力发展项目可以帮助领导者更好地理解他们面对的跨文化情境。沉浸式学习能力对于理解陌生或威胁性的环境至关重要。在某些情况下，在取得任何进步之前，都需要建设性和解。在这个过程中，生物同理心也有一定的作用，因为自然法则通常会给人们带来一些新的洞见。创造本能所固有的好奇心能激发领导者更好地理解该情境，并找出哪些方面可以进一步改进。领导者必须避免独断式思维，因为如果你不听取他人不同的意见，你就不可能真正理解他人。

复杂性孕育清晰

清晰，不管是否正确，都大有裨益，因此领导者应该保持清晰。除此之外，领导者还应该值得信赖、精确和透明。领导力发展项目可以给领导者提供以低风险的方式实践这些技能的机会。对于清晰的渴望会把人们引向两极分化和极端，因为清晰、绝对的言论才会让人觉得舒服自在。清晰必须简单而有说服力，而不是过分简单化。生物同理心可以帮助领导者理解复杂性并在自然法则中找到更深层次的清晰。卓越的领导者会以低调透明的方式来表达清晰，但低调中蕴涵着强大的力量。领导者还必须对他们营造和寻求的奉献精神很清晰。清晰和盲目的信念不同，清晰要求奉献精神，而盲目的信念要求的是顺从。清晰是强制性的，而确定性是危险的。领导力发展项目应该帮助领导者变得更清晰，同时减少确定性。

模糊性引发敏捷性

在愿景的框架内，领导者需要很大的灵活性。的确，十大领导技能都需要敏捷性才能应用于实践。领导力发展项目应该找到让领导者沉浸在十大领导技能中的方式，从而帮助他们锻炼应对模糊性的能力，发展敏捷性。

创造本能鼓励人们不断开展新项目，但要想协调好这些项目、在创造过程中与他人合作，就需要敏捷性了。清晰就像武术中所讲的气运丹田，这样你才能敏捷地进行攻击。扭转困境的能力取决于敏捷地吸收和创造性地回应的能力。沉浸式学习常常会导致迷失方向，所以，领导者需要敏捷性以帮助你在新环境中重新恢复平衡。生物同理心中包含的敏捷性主要是指复原能力——成功的自然系统的一项基本原则。建设性和解在应对未来极端的两极分化现象时，也是一项必需的技能。低调的透明——力量与谦卑的敏捷平衡——是未来最有效的领导力风格。快速构建能力更是强调敏捷，卓越的领导者将持续不断地构建新的原型。聪明暴民需要更好的敏捷性以便在多变的时代，利用多种媒体实现有机增长。公地创造也需要敏捷性来创造拥有多个赢家和共享资产的新疆域。

第十二章
自学掌握未来十大领导技能

用未来的观点写出的论述往往是最不可信的。

——朱利安·巴恩斯（Julian Barnes）

《终结的意义》(In the Sense of An Ending)

在本书的末尾，我想主要关注这样一个问题——即使你不能参加相应的领导力发展项目，你能为未来做哪些准备？第一版问世之后，很多人问我："为了培养自己的未来领导技能，我能做些什么？"我将通过本章的阐述来回答这个问题。如果领导者拥有合适的技能，他们就能创造未来，而且还有可能赢得未来怀疑论者——认为有关未来的观点的不可信的人的认同。创造未来比光讨论未来要好得多，而且很多时候还更容易。

鉴于未来十年可能面临的外部力量，你将何去何从？你做好在充满变化、不确定性、复杂性和模糊性的未来进行领导的准备了吗？你怎样才能让自己更好地做好准备？你的复原能力如何？你会如何发展和运用本书中提到的未来所需的十大领导技能？

本章将帮助你评估自己的准备度水平，同时就未来所需的领导力做一些总结。贝瑞特—科勒提供的在线测试可以在阅读本书之前或之后使用。自我测评如果和本章结合起来使用会更加有效，可以指导你如何在各个领域进行改进。该在线测试的网址为 www.bkconnection.com/leaders-sa，用于研讨会或课堂时，有价格优惠。

回顾前十章的内容，你可以对自己进行一下自我评估。不要把该评估看得过于绝对，因为没有谁能准确地预知未来。该评估的目的主要是为了帮助你思考有关领导力的问题，以及作为未来的领导者，自己应该如何发展。本章主要为个体读者设计，不过也可以用于领导力发展项目。我希望本书能够让大家从未来的角度衡量一下自己目前的领导力水平，并帮助大家找到成为更好的领导者的方法。你必须明确你想成为什么样的领导者，但沉浸在未来可以帮助你激发出内在的领导天赋。

请如实回答下列问题：我已经将这些问题根据未来所需十大领导技能进行了分组。回答问题时，你可以回顾本书前面的内容。这些问题旨在帮助你将这十大技能与个人联系在一起，并告诉你如何改进你的领导技能。

的确，这些问题都属于私人问题，但领导力的发展就是要始于内心，从你的过往经历、价值观和观点入手。领导者可以创造美好的未来，但这要求领导者的内在平衡和自律。而且，在充满变化、不确定性、复杂性和模糊性的世界里，创造美好的未来还需要身体、思想和精神方面保持健康的状态。

请在回顾每章要点的时候，仔细考虑这些问题。这些问题很难用“是”或“否”来回答，你必须明确这些问题对你来说意味着什么，从而帮助你评估自己的领导技能，找到需要改进的方面。

第一章：你在表达自己的创造本能吗？

· 回想一下你童年时玩沙子或泥巴时的情景。你喜欢用沙子或泥巴造什么东西？最让你开心的是什么？早期的创客经历对你日后的领导风格有什么影响？你现在还有孩童般的创造欲望吗？还喜欢创造吗？

· 你会如何描述自己成年后对于事物的运作原理方面的兴趣？这种兴趣对你的领导风格和技能有什么影响？

· 你会如何描述自己做饭、做针线、编织、做木工、做设计、写作或从事其他创造性活动的欲望？这些欲望对你的领导者角色有什么影响？

帮助你激发创造本能的行动：

· 阅读《创新》或其他创客相关的出版物，参加制汇节活动。你的创造本能即使被压制了，也能重新被点燃。

· 与其他创客进行交流（真实环境或虚拟环境均可，最好的学习方式是与其他创客在真实环境下交流）。Techshop 就是有利于这种交流的绝佳场所。

不过，也有很多当地的交流活动，便于创客和手艺人相互了解，一起进行创造。

·表达自己内在的创造本能。做一件你从未做过的东西，或至少参与到制作过程中去，一定要亲自动手进行创造。

第二章：如何让你的沟通变得更加清晰？

·回想一下，自己最近参加的某次会议，在会上你没能清晰地表达自己的观点。该场景有什么特点？观点未被他人理解时，你是如何回应的？

·有没有人表扬过你沟通时思路清晰？受到此类赞扬的频率如何？想出一些具体的实例。如何你从未收到过此类赞扬，你觉得这说明了什么？

·如果让你用一句话来概括你的个人领导风格，你会怎么说？在这十项未来所需的领导技能中，哪些技能对保证你的领导风格的成功影响最大？

·如果让你用一句话来概括你所在的组织的战略意图或制胜主张，你会怎么说？对于该制胜主张，你个人作出了什么贡献？

让你变得更清晰的行动：

·问一问你的团队成员、上司、朋友、家人或其他与你关系亲近的人，让他们评价一下你沟通时的清晰度，并让他们举出一些证明你清晰或不清晰的具体实例。

·阅读军事史，了解在不同战争情况下指挥官意图的重要性。这些军事领导力方面的经验对你有什么启示？

·在你认识或见过的人中，想一想哪些人沟通时非常不清晰。你从他们身上能学到什么？

第三章：如何改善扭转困境的能力？

·想一想，你最近经历的一次困境。当你不能有效处理该困境时，你有什么感受？你如何回应？你如何想方设法来扭转困境以便化困境为机会？

·假设你要解决一个难题，在解决前或不能解决时，你是否觉得充满干劲儿？你如何利用这种干劲儿来帮助你化困境为机会？

·在必须决策但你压根儿没有解决方案时，你愿意作决定、往前走吗？请举一个这方面的例子：虽然你没有明确的解决方案，但必须作决定。

帮助你改善扭转困境的能力的行为：

· 持续一周关注新闻，把政客们用解决问题的语言来描述困境的例子全部记录下来。想一想，他们在承诺解决一些他们根本无法解决的问题时，承担着怎样的风险？

· 至少坚持记一个月的困境日志，列举你在工作或生活中遇到的每一项挑战，评估一下这些是可以解决的问题，还是无法解决的困境。

· 找一款你喜欢的、里面包含着困境的电子游戏。向高手咨询一下意见，或者让他们给你一些辅导。一旦你找到了这样一款你喜欢的游戏，你就可以通过这种低风险的方式来锻炼自己扭转困境的能力了。

第四章：你在不断提高沉浸式学习能力吗？

· 你如何寻找帮助你学习的新体验？特别是那种让你感觉不适的体验？请想一个最近发生的实例，想一想，那项经历对你的领导能力产生了怎样的影响？你学到了什么？你学习的东西如何体现在你的领导能力上？

· 你对打电子游戏并从中学习的兴趣如何？你想知道严肃玩家和一般玩家玩游戏的方式和原因吗？

· 你在你所在的组织中参与过管理游戏或模拟游戏吗？如果有人建议你参加，你会愿意吗？你支持通过游戏和模拟的方式来学习吗？

· 研究一下军队如何采用模拟游戏来帮助人们学习。由于军队比商界更早使用模拟游戏，你如何从他们的经验中学到更多东西？

帮助你改善沉浸式学习能力的行动：

· 找一个在数字时代长大的人（15 岁或更小），让他们教你玩电子游戏。（小提示：要想让他们教你玩，你可能得给他们相应的回报。你会给什么回报？这将考验你的公地创造能力了）如果你够幸运，可能你的孩子、亲戚或年纪较小的朋友正好能够教你玩电子游戏，并从中了解为什么电子游戏让这么多人如此痴迷。

· 进行一次让你感觉不适的冒险或生态度假。如果可能的话，可以选择去国外，即使持续的时间比较短。如果你不能旅行，你可以在当地找一个让你感觉不适的群体，让自己融入其中，并尝试理解他们。

·参加一次游戏者大会。想一想，驱动严肃玩家的动力是什么？你能从严肃玩家身上学到什么？

第五章：如何培养你的生物同理心？

·在你的成长过程中，你是否生活在或经常接触户外空间，如森林、海洋、农场、池塘或公园？在大自然环境中，你都玩些什么？这些经历对你的领导风格有什么影响？你对大自然有孩童般的喜爱吗？

·你有身处自然环境并从与大自然接触的体验中进行学习的情感需求吗？你如何满足这种需求？这种与自然的情感纽带对你的领导风格有什么影响？

·学生时代时，你喜欢生物学、动物学、地理、人类学或其他类似学科吗？你把自己看做业余或职业生命科学家、生物学家、地理学家或自然科学家吗？

·针对你在生活中面临的挑战，你会如何从大自然中寻找灵感？这些生活经验对你的领导风格和技能组合有什么影响？

·关于领导力，你从你的宠物——狗或猫身上，能学到些什么？动物如何帮助我们理解我们作出的某些选择？

帮助你改善生物同理心的行动：

·学习一门生物入门课程或阅读小学的生物教科书或观看教学录像。

·志愿为工作在一线的生物学家当助理。

·如果你有猫或狗等宠物，至少花一周时间仔细观察它们，并培养你对它们的同理心。观看或阅读西泽·米兰的节目或著作，可以帮助你培养你的生物同理心。

第六章：如何改善你建设性和解的能力？

·你如何透过他人的眼睛看待世界，尤其是那些你不认同或你不喜欢的人？你对不同于你的文化行为的兴趣如何？

·你如何倾听来自你不熟悉的文化的人的声音并向他们学习？对那些与你自身的信念和价值观不符的文化习惯或行为，你有什么看法？你是否觉得某些群体根本不值得去理解？

· 你出国旅行或在国外生活过吗？出国旅行时，你会寻找一切机会去了解当地人的生活方式吗？

· 想一想你对待其他语言，包括那些你听不懂的语言的态度。你会讲多种语言吗？不同的语言如何表现不同的生活方式？

· 想一想你平息过的一次分化的情景，你是如何与分歧的各方进行交流的？哪些措施奏效了，哪些没有？

帮助你改善建设性和解能力的行动：

· 寻找分化的情境，在不偏向任何一方的情况下了解目前的现状。人们如何相互交流？有人在寻找建设性和解的方法吗？他们尝试了哪些策略？

· 研究目前有关冲突管理和情绪管理的文献，对你的领导力可能有帮助的主题有哪些？

· 回想一下你经历过的分化情境。在每种情况下，你都做了什么？你本来可能做些什么能够建设性地和解该情境？别忘了，建设性和解并不意味着你解决了分歧，只是你让情况有所缓和和改善。不幸的是，有些分化的情况可能是无法解决的困境。

第七章：作为领导者，你低调吗？

· 你如何体现信任，如何向他人表达信任，特别是对你领导的人？你领导的人能够感觉到你对他们的信任吗？你如何通过你的领导风格体现这种信任？

· 对于他人的认可，你有强烈的需求吗？你领导的人会说你很喜欢得到别人的认可并喜欢抢占功劳吗？你能举一个最近发生的、能够体现你低调的领导风格的实例吗？

· 有人用谦卑这个词评价过你吗？那些你表现谦卑的场合能够告诉我们什么？如果从没有人用谦卑这个词评价过你，你觉得这意味着什么？

帮助你变得更加低调、透明的行动：

· 在某个公共场所，如飞机、火车站或公园，观察他人，看看哪些人体现了低调和透明——既谦卑又蕴涵着力量？他们是怎么做到的？他们的身体如何传达谦卑和力量？他们的声音和遣词用句如何体现谦卑和力量？

·傲慢和低调、透明非常不同，甚至是相反的。找一个行为处事比较傲慢的人为例，想一想，傲慢是如何体现出来的？从这些负面的例子中，我们可以学到什么？

·世上不存在绝对的透明。选一个你工作或娱乐的环境，想一想，在这个环境中，透明是如何定义的？你认为行为处事低调透明的人有哪些？

第八章：如何改善你的快速构建能力？

·做一件事情时，你想尽快尝试以便了解什么行得通、什么行不通吗？举一个在快速构建过程中，你不断尝试不同方法的例子。这个经历反映了你领导风格的哪些方面？哪些其他技能能够帮助你更好地处理这类事情？

·在接手一项新任务的初期，如果事情没有一下子就成功，你会变得沮丧或不耐烦吗？如果会，你如何排解和应对这种情绪？

·你能举一个你从自己经历的失败中进行学习的例子吗？你对待失败的态度如何与你的领导风格相匹配？你会鼓励你领导的人从失败中进行学习吗？

帮助你改善快速构建能力的行动：

·下次接手新项目时，第一天就构建一个模型，有意识地让自己早一点失败，并且经常失败，以便你从失败中进行学习。不断尝试，看看你能学到什么。

·多和设计师沟通，阅读一些最新的设计方面的文献。看看他们如何在设计过程中使用快速构建的模型。

·快速构建的反面是什么？在工作或生活中，你见过这方面的例子吗？不进行快速构建会有什么后果？

第九章：如何站在你的领导角色看待聪明暴民组织？

·将人们聚集起来会让你觉得满意吗？能举一个最近发生的实例吗？在这个过程中，你觉得最让你满意的是哪一个环节？

·你喜欢通过面谈或网络等方式与他人打交道，建立关系网络吗？

·对于在特定情况下哪种媒体形式最好，你有自己的一套经验吗？你如何决定什么时候面谈，什么时候通过网络进行交流？

·作为领导者，你会利用在线社交媒体工具吗？你尝试过用不同的媒体来实施你的领导技能吗？与面谈形式相比，利用网络媒体进行领导有什么不同？

帮助你改善聪明暴民组织能力的行动：

·在工作、社区或公共区域寻找聪明暴民的例子。这些暴民真的聪明吗？他们选择什么样的媒介方式？

·想一想与你一起工作的某个委员会或团队。如果你把自己看做是一个聪明暴民，会发生什么变化？

·想一想你选择不同媒介时的标准。你在什么情况下会选择出差以便施加你的影响力？你如何通过不同的电子媒介来表达你的领导力？

第十章：你的领导力如何才能包括公地创造？

·你如何寻找并创造多方受益的情境，而不是只有你一方受益？你能举几个最近发生的例子吗？你的努力有没有成效？

·想一个这样的例子：你付出了一些东西，目的是为了得到更多的回报。仔细回想并描述一下整个过程。最后达到多方共赢了吗？你成功了吗？其他人有没有因为你的行动而成功？

·阅读有关公地创造的历史资料。你从过去的经验中学到了什么？现在基于云计算的新公地与之前的有何不同？

·阅读一些有关未来的科幻小说或情景。小说中创造了哪些公地？对你来说，哪本小说对你的启发最大？

帮助你改善公地创造能力的行动：

·你觉得你或你的组织中，有什么东西可以拿出来与他人分享，并能在未来一段时间内获得更大的回报？

·想一想你给别人送礼物的情景。给别人送礼物让你感觉如何？你有没有收到什么回报？你和你的组织如何才能树立起为了回报而给予的价值观？

·你当地的社区和商业场所中有什么公地（共享资产）？这些共享资产提供了什么价值？带来了哪些挑战？新媒体会如何影响这些公地？

为你的领导技能打分

我和CCL的西尔维斯特·泰勒一起开发并修改了下面这个自评系统。很多机构都用过这个系统，测评结果也很有启发意义。填写这张表可以帮助你了解你的领导技能。如果你更喜欢在线填写，请登录www.bkconnection.com/leaders-sa。

未来所需领导技能指标

针对每项陈述，请根据下列标准为你的领导技能打分。完成之后，请想出一个与你共过事、最有未来眼光的领导者，并根据他的情况再次回答这些问题。最后，再想出一个与你共过事、最没有未来眼光的领导者，并根据他的情况第三次回答这些问题。注意，这两个人必须真实存在，而不是假想的。请根据实际情况如实对下列陈述进行评分：

1=完全不符；

2=只有一点点符合；

3=在一定程度上符合；

4=非常符合；

5=极为符合。

未来所需领导技能指标

领导技能	你	最有未来眼光的领导者	最没有未来眼光的领导者
1. 创造本能。有创建或发展某些东西的内在驱动力，喜欢与他人一起参与创造过程			
2. 清晰。能够看到他人无法看到的有关未来的混乱和矛盾。领导者必须知道他们要做什么，但具体怎么做需要灵活处理			
3. 扭转困境。能够将困境转化为优势和机会			
4. 沉浸式学习能力。可以沉浸在不熟悉的环境中，并通过亲自体验进行学习			
5. 生物同理心。从大自然的角度看待事物，理解、尊重大自然的规律并从中学习			

续 表

领导技能	你	最有未来眼光的领导者	最没有未来眼光的领导者
6. 建设性和解。能够在分歧严重、沟通停滞的情况下缓和紧张情况，让不同文化背景的人走向一致			
7. 低调透明。对重要的事情保持开放和真诚的态度，不过分宣扬自己			
8. 快速构建。能够快速创造出初始版本，认为接下来的成功建立在之前的失败的基础之上			
9. 聪明暴民组织。能够有效利用面对面沟通或电子媒介等方式来创造、维护并发展有用的商业或社交网络			
10. 公地创造。孕育、培养和发展共享资产，以便让各方共赢，同时在更高的层次上进行竞争			
总　　分			

回顾你的领导能力和风格

在放眼未来的同时，我觉得你也应该回顾一下自己的生活以及作过的一些选择，想一想它们对你的领导能力和风格所产生的影响。从很大程度上来说，未来是由过去塑造的，但即便如此，我们还是有机会摆脱过去，塑造新的未来。理解自己目前所处的状态可以帮助你明确未来前进的方向，了解自己应该在哪些方面进一步改进。

本书中总结的未来所需的十大领导技能主要是为了鼓励你想一想自己现在的领导技能，并为你职业生涯的下一步做好准备。在你过去的经历中，可能有一些东西是你希望重新拾起的；也有一些东西，你之前尝试、失败过，但现在却可以成功。另外，也有一些东西你可能需要放弃或改变。在对未来进行系统性的思考时，我们不但要放眼未来，更要回顾过去，想一想自己过去做领导者的经历以及自己曾经作出的一些选择。

在管理大师德鲁克晚年时，我有幸与他有过两次接触。当被问及如何创建一种能够帮助领导者成长的组织文化和氛围时，他说，人们最好能在年轻时尝试各种不同的角色，并与形形色色的人打交道，因为那时候，他们还不知道自己到底是谁。而步入中年后，人们就应该只做那些他们真正想做的事情，只和他们仰慕的人打交道。

我觉得这个建议非常乐观，因为德鲁克先生自己活到了95岁高龄，而且整个一生成果辉煌。对于德鲁克来说，前半生就长达50年左右，这段时间足够领导者尝试不同的角色，并找到自己的领导风格。而且在这个过程中，我们还可以学习一些新的领导技能。

从很早开始，我们每个人就已经在一步步学习领导力了，虽然很多时候我们自己并没有意识到。比如，我在伊利诺伊大学上学时，过了一段衣食无忧的日子，拿着奖学金，还在校篮球队打球。1963年，肯尼迪总统遇害后，学校把我们召集起来并让我们在一片空地上游行，对此我迷惑不解，不明白为什么要这么做。现在回想起来，我才发现那次经历让我学到了不少有关领导力的知识。那次事件本身生动地阐明了在充满变化、不确定性、复杂性和模糊性的世界里，我们应该如何进行回应。

现在想想，我觉得学校领导之所以让我们在空地上游行是为了在混乱中重建秩序。我们在情况突然发生变化时，做了一件我们熟悉的事情。我们游行的目的是为了恢复秩序。通过这次经历，我体会到了领导者应该如何应对变化、不确定性、复杂性和模糊性。我个人认为，相比于现在，1963年是相对比较简单的时代。我从中学到的教训是：灾难降临时，我们应该努力重建秩序，以便大家能够积极应对当前的情况，而不是被动地沉浸在悲痛和惊讶之中。

我在读研究生期间也经历过一次领导力蜕变的时刻。那次事件对我来说是一个重大的身份转变——从一名篮球运动员到一个专注于学业的学生。我在高中组打球时，表现非常出色，但在十大联盟中却成绩平平，更谈不上去当职业篮球运动员。当我发现我的篮球队领导生涯就要结束时，我感到痛苦万分。

我是一个非常喜欢研究未来的人，但要想弄清楚从哪开始、怎么开始才能拥抱未来，却是一件很困难的事。至今，我还清晰地记得我第一次听说未来研究院时的情形：当时我在神学院做研究助理，在教授办公室的书桌上，我看到了一篇名叫《未来学家》（The Futurist）的文章。

当时我就愣住了，心想：这就是我想工作的地方。虽然是突发的念头，但我非常坚定。

对我来说，看到这篇有关未来研究院的文章是我人生中的一个重大转折。我非常喜欢思考未来，但我花了几年时间才在这个领域慢慢崭露头角。1972年，在华盛顿的一次会议上，我向与会者分享了一篇我写的文章，这篇文章是根据我在西北大学念书时写的毕业论文延伸而来的。幸运的是，在分组讨论时，我和未来研究院的高级研究员安迪·里普科斯（Andy Lipinksi）分在了一组，他推荐我看看未来研究院的工作机会。于是，我加入了未来研究院，而且一干就是35年。这个经历对我的教训是：回顾一下你生命中的重大转折点，想一想，你如何能从中获得更多启示。

我觉得自己很幸运，因为从1973年加入未来研究院以来，我一直都在从事自己真正想做的事情。我在未来研究院有不同的领导角色，但现在，未来研究院已经成了我的家。按照德鲁克的标准来衡量的话，我很早就找到了让我痴迷的职业。

我早期在领导力方面的经验让我认识到我能做什么、不能做什么。从小学开始，我一直都是篮球队的队长，但到大学后，我需要转变到另外一种领导角色了，因为我在球队的发展已经到头了。进入研究生阶段后，我不断尝试着不同的角色，我逐渐发现我在哪些方面比较擅长，以及在哪些方面有不断学习的热情。那时候，我已经意识到，我必须迈出下一步，因为之前的一切对我接下来的人生没有参考价值。

任何一个领导者都必须找到适合他的发展路径。我个人的经验其实是一种形式的"原型"，边做边学。我从中得到的教训是：如果你对目前的工作不满意，你如何利用快速构建来找到一份让你满意的工作？游戏和沉浸式学习就是很好的方式。

毫无疑问，领导者可能在之前经历过或熟悉的情况下，表现得更好。但在充满变化、不确定性、复杂性和模糊性的环境中，领导者将感到无所适从。

实践和准备这项原则在危机发生之前确实有效，但问题是，我们怎样才能模拟出能让我们实践和准备的情景，以便应对未知的未来世界，毕竟新的环境要求领导者采用新的方法，具备新的技能。

身处不确定的环境中时，你可能没有时间来进行思考。所以，在危机时刻，清晰就显得尤为重要。比如，当年打篮球时，我发现我的思想经常摇摆不定，我会想我接下来应该做什么，或者如果我在关键时刻投篮失误，会产生什么后果。我惊讶地发现，我不戴眼镜时，投篮命中率会更高。看清楚一些细节，比如篮球、观众、拉拉队等，反而会分散我的注意力。不看这些细节时，我能够更轻而易举地找到比赛的节奏，而我的肌肉的记忆能保证我在看不清楚的情况下命中篮筐。领导者需要肌肉的记忆力，而沉浸式学习可以帮助领导者在低风险的情况下锻炼这些肌肉。

在找到适合自己的角色之前，尝试各种不同的领导角色非常有益。快速构建能力非常有用，特别是在你年轻的时候。丹尼尔·赛迪奇（Daniel Seddiqui）就是一个极端的例子。在他二十几岁时，找不到正式的工作，于是他想了这样一个办法：由于雇主都希望雇用有相关经验的人，所以他找了很多只干一周的工作，以便拓宽自己的工作经验。他在全美 50 个州，找了 50 份不同的工作，每个都只干一周。他用博客记录下了这段经历，并出了书。这就是快速构建。在尝试不同工作的过程中，他逐渐发现了自己的兴趣，知道自己想干什么。这种创造性的扭转局面的方法正是未来领导者所需要的。

本章小结

本书中总结的这十项技能都不容易掌握，但每一项都是可以习得的，而且有很多相关的资源可以帮助你培养每项技能。

创造本能是这十项中最基本的，也是建设和重建组织时所必需的一项技能。清晰虽然是针对个体的，但其他人可以帮助你变得清晰。扭转困境时，你可以基于你对世界的理解和看法，但其他人可以帮助你找到扭转困境的具体方法。对于所有其他领导技能而言，只要领导者理解并相信这种方法，这些技能都可以在他人的配合下得到发挥。比如，生物同理心可以在某个组织中得到传播，但如果领导者有很强的控制欲，它就不可能发挥作用。

再次强调一下，在充满变化、不确定性、复杂性和模糊性的未来世界，我们不光要明确前进的方向和目标，还要灵活处理实现目标的方式。

预见是指能够看到视线以外的情形，并能看到全局画面的能力，它需要人们具备创造本能、清晰和扭转困境的能力，不过，其他几项能力也会对预见能力有所帮助。有效的领导者必须具备超前思考问题的能力。如果你能考虑到 10 年之后的事情，你就能在当下作出更好的决策。

洞见指顿悟、醍醐灌顶的瞬间。预测，不论你是否认同，都是提供洞见的一种绝佳方式。未来十年，谁都知道什么是新的东西，那时候，领导者面临的挑战就是如何从周围的混乱中找到洞见，并判断出什么是重要的东西。愤怒是洞见的天敌，虽然现在我们很难不对某些事或某些人动怒，但愤怒的领导者很难成为有效的领导者。

行动取决于选择前进的道路的能力，它需要人们具备快速构建、聪明暴民组织和公地创造能力，不过，其他几项能力也会对行动能力有所帮助。领导者也许会因为他们提出的愿景而闻名，但人们最关注的，还是他们的行动。卓越的领导者将通过互利互惠、给予和获得回报来进行创新。

有效的领导者将形成自己独特的预见—洞见—行动循环，而本书将教你如何做到这一点。

对于未来的领导者来说，如何将变化、不确定性、复杂性和模糊性转化成远见、领悟力、清晰和敏捷将是他们面临的最主要的困境。作为领导者，你必须掌握未来所需的这十项领导技能，学会在变化中寻找意义，化复杂、不确定为简单、清晰。

毫无疑问，领导者将决定未来，但这并非一朝一夕就能完成，而且单靠领导者个人的力量也不可能实现。所以，领导者必须调动大家的力量，号召大家一起创造未来。

虽然领导者可以通过沉浸在未来进行学习，但我们必须立足现在才能创造美好的未来。领导者可以决定未来。

致 谢

我头脑中很多有关领导力的知识都是从罗伊·阿马拉（1973 年担任未来研究院总裁）的身上学到的。2007 年元旦前夜，罗伊与世长辞。他身上体现出来的一些领导特质对未来的领导者很有帮助。于是，在他逝世后，我开始撰写本书的第一版，因为我觉得我有义务与未来的领导者分享这些特质。

罗伊善于系统思维、聚焦未来，虽然风格低调，但并不软弱。他对每个人都很尊重，即使意见相左。在他担任总裁期间，他鼓励大家广泛交流，进行思想的碰撞。所以，他既倡导大家积极交流、辩论，又极度尊重每个人的想法。虽然，有几次我看到他发火了，但对那些惹他生气的人，他依然非常尊重。他是那种可以完全信赖的领导者。

罗伊·阿马拉既强大又谦卑，他能把很多不同的想法汇聚在一起，也能和形形色色的人有效合作。不过，罗伊的例子也给大家带来了一种困境：如何才能变得强大而又谦卑呢？根据我和罗伊打交道的经验，我把这项技能总结为低调透明。

罗伊既是一位领导者，也是一位创造家。他是一位工程师，他创造了未来研究院，并在其整个职业生涯中，创建或重建了很多组织。我撰写《领导者决定未来》一书的初衷就是为了向罗伊致敬，并与大家分享他的智慧。

我要感谢的人还有很多，首先就是我在未来研究院的同事。玛丽娜·葛尔碧斯（Marina Gorbis）是学院的执行董事。在我撰写本书时，虽然学院的业务非常忙碌，但她依然鼓励我完成这项耗时费力的工作。她有关“社会结构”组织的研究对我颇有启发，特别是我写本书第十章的时候。凯西·维安（Kathi Vian）是年度十年预测的负责人，本书的很多内容都建立在她的研究成果之上。另外，简·麦格尼格尔（Uane Mcgonigal）和杰森·泰斯特（Jason Tascer）的想法都对我很有帮助；安德里亚·希沃利（Andrea Saveri）和霍华德·莱茵戈德有关公地和合作的研究也让我受益匪浅。

里查德·莱尔·哈奇（Rachel Lyle Hatch）在我撰写本书的过程中，加入了未来研究院，并在很多方面给了我很多帮助，给我贡献了很多内容。我的助理凯西·塞迪奇（Kathy Seddiqui）和劳雷尔·芬克豪泽（Laurel Funkhouser）也为这个项目的顺利进行付出了很多努力，并在紧凑的工作安排之余自始至终参与了整个项目。来自巴西的留学生纳塔利·马丁戈尔·费尔南迪茨（Natalie Matzinger Fernandez）曾在未来研究院实习，为本书的撰写提供过一些非常独特的见解。迪帕·梅塔（Deepa Mehta）在本书第二版收尾时加入未来研究院，也为本书的完成提供了很多帮助。

贝瑞特—科勒出版社（Berrett - Koehler）是一家非常与众不同的出版社。我和很多家大型出版商合作过，也接触过一些非常有名的编辑，但没有哪一家能够比得上贝瑞特—科勒。负责本书的编辑史蒂夫·比尔桑蒂是迄今为止与我合作过的最好的编辑，也是我所能想象到的最好的编辑。每次与史蒂夫会面后，我都精疲力竭，但他却帮助我把第二版上升到了一个新的高度。里克·威尔逊为本书的封面和出版作了很大贡献。实际上，我要感谢贝瑞特—科勒的每一位员工，因为他们几乎每个人都参与到了本书的出版过程之中，这对我来说是莫大的支持。吉维·两瓦苏布拉马尼亚姆（Jeevan Sivasubramaniam）帮我组织了一批优秀的评论员，给我提供了非常有建设性的反馈意见。评论员包括瓦莱尔·安德鲁斯（Valeire Andrews），丹尼尔·斯柯特（Danielle Scott），弗兰克·贝斯勒（Frank Basler）和道格拉斯·海默（Douglas Hammer），他们都为本书写了书评，虽然角度各不相同，但都同样令人深受启发。贝瑞特—科勒在处理外部评论时方法独特，我觉得它们的方法非常有效。我相信，贝瑞特—科勒出版本书的过程让它变得更好，我也希望最终产品能够达到大家的期望。雷文·格林伯格文学经济公司（Levine Greenberg Literary Agency）的吉姆·拉斐尼（Jim Levine）是我的文稿代理人，他不光具备作家的敏锐，还是一位出色的代理人。对于 Jim 的支持，我感激不尽，同时，我也非常感谢 BookMatters 的 Tanya Grove 和 DavePeattie 对本书进行的编辑工作。

虽然，本书是我个人对未来所需领导力的看法，但很多东西都是我在未来研究院工作期间学到的。

目前，未来研究院的信任理事会由以下人员组成：Aaron Cramer、Kelly Traver、Karen Edwards、Deborah Engel、Marina Gorbis、Ellen Marram、Bob Sutton、Rod Falcon、Jean Hagan 和 Lawrence Wilkinson。非常感谢各位的支持！

我在未来研究院已经 35 年了，在这期间，我与很多人共过事，但我觉得目前在未来研究院任职的同事是最棒的。衷心感谢 Richard Adler、Dawn Alva、Robin Bogott、Jamais Cascio、Mathias Crawford、Vivian Distler、Jake Dunagan、Rod Falcon、Marina Gorbis、Jean Hagan、David Evan Harris、Rachel Lyle Hatch、Lyn Jeffery、Andy Lam、Kim Lawrence、Harvey Lehtman、Mike Liebhold、Karin Lubeck、Miriam Avery Lueck、Rachel Maguire、Jane McGonigal、Lisa Mumbach、Sean Ness、Neela Nuristani、Alex Pang、David Pescovitz、Jody Radzik、Kathy Seddiqui、Chuck Sieloff、Rob Swigart、Jason Tester、Anthony Townsend、Kathi Vian 和 Anthony Weeks。

作者简介

作为一名十年预测家，鲍勃·约翰森已经有长达35年的从业经验。鲍勃专注于研究新技术对人类的影响，是最早研究早期互联网（当时被称作ARPA-net）对人类和组织的影响的社会科学家之一。同时，他还对宗教和人类价值观的未来有着浓厚的兴趣。

1996—2004年，鲍勃担任未来研究院总裁。现在，作为未来研究院的杰出院士，他把更多时间投入在了维护未来研究院赞助人关系、写作、公开演讲和为各种类型的组织举办高管研讨会上。

目前，鲍勃共出版了7本著作（专著或与他人合著），包括《渔网式组织》（Upsizing the Individual in the Downsized Organization），该书是针对正在经历技术变革和重组的组织的实用指南；《全球协作》（GlobalWork），该书是有关如何管理跨文化团队的实用指南以及《赢得先机》（Get there Early）——一本介绍预见—洞见—行动循环、帮助领导者以建设性的方式融入未来的著作。

作为一名社会科学家，鲍勃拥有多学科背景。他本科毕业于伊利诺伊大学，入校时获得了篮球奖学金；之后，在西北大学获得博士学位，主要专注于宗教社会学领域，同时在ARPAnet和交互计算方面也有一定了解。鲍勃还曾在科尔盖特罗彻斯特克鲁佐神学院攻读比较宗教学，并获得神学学位。

未来研究院简介

未来研究院坐落在美国硅谷，是一家独立的、非营利性研究机构。它与各种类型的组织合作，帮助它们制定更好的决策。未来研究院为组织提供对于未来的预测，以便激发它们采取行动。未来研究位于加利福尼亚州的帕洛阿尔托市——一个技术创新、社会实验和全球交流云集的地方。1968 年，一群来自兰德以及斯坦福研究院的工程师和数学家们，在阿瑟·维宁·戴维斯基金会和福特基金会的资助下，创办了未来研究院，以期将先进的未来研究方法扩展到更广阔的领域。

欲了解详情，请登录未来研究院网站。网址：www. iftf. org。

CCL 简介

创新领导力中心（CCL）是一家全球领先、专注于领导力发展的研究和培训机构。其领导力项目已经连续十年被《金融时报》评选为全球十强。CCL 创立于 1970 年，是一家非营利性的教育机构，旨在通过各种项目、产品和服务帮助全球各地的客户培养创新领导力。CCL 的总部位于北卡罗来纳州的格林斯博罗市，在科罗拉多泉（科罗拉多州）、圣地牙哥（加利福尼亚州）、比利时布鲁塞尔和新加坡都有校园，并在印度浦那和莫斯科设有办事处。CCL 共有 400 多位教职员工，每年为来自 2000 家机构的 2 万多名领导者提供服务。

经典推介

鲍勃·约翰森所倡导的主题——作为领导者的我们可以在竞争激烈和变化莫测的未来世界创造和引导我们自己的未来——已经渗透了斯克利普斯网络互动传媒有限公司（Scripps Networks Interactive）的方方面面。在《领导者决定未来》一书中，他把这个主题推进到了一个新的高度，为读者提供了在未来世界取得成功的实用指南。这本书将成为我们公司员工的必读书目之一。

——斯克利普斯网络互动传媒有限公司董事长、总裁兼首席执行官

肯尼思·W. 洛维

《领导者决定未来》的第一版为未来领导者描绘了新的愿景，并提供了实现愿景的路线图。而第二版则描述了在充满变化和复杂性的未来社会，领导者必须具备的十大领导技能。未来的复杂性不光要求领导者能够灵活、敏捷地进行应对，同时也表明我们需要新的衡量方法。这些衡量方法最好能够将社会科学和分析应用结合起来。

——杂货商联合会首席执行官　阿尔韦列德·A. 普莱曼

在本书中，鲍勃·约翰森主要关注在决策速度要求较高、决策的影响较大的当今世界，领导者应该如何进行决策以及如何进行领导。《领导者决定未来》一书为领导者提供了一种在充满变化、不确定性、复杂性和模糊性的未来世界，进行决策的分析和操作框架。

——汤姆森路透前首席执行官　托马斯·H. 格罗瑟

在美国艺电，面对该行业多变、不确定的未来，我们既兴奋又紧张！为了

帮助我们的高潜质领导者更好地为未来做好准备，我们在培养过程中运用了鲍勃·约翰森在本书中倡导的理念，着重发展未来所需的领导技能。如果你们公司的未来也存在不确定性，那就推荐你们公司的领导者们阅读此书吧。

——美国艺电副总裁 安迪·比尔林斯

《领导者决定未来》是我所有学生的必读书目，也是所有对美好的未来世界和社会利益感兴趣的人应该读的一本书。这本书简洁易懂、非常实用，包含了很多与目前及未来都紧密相关的实例，对事业和日常生活都非常有帮助。

——得克萨斯大学 奥斯汀分校迈克库姆斯商学院教授 琳达·戈登

《领导者决定未来》一书将创造者的思维方式应用到了领导力领域。未来，卓越的领导者肯定也是创造者。

——《创新》及制汇节创始人 戴尔·多尔蒂

鲍勃·约翰森为我们提供了实用的建议和指南，帮助我们应对21世纪领导力方面的严峻挑战。领导者们需要注意：你不光需要清晰的战略，还需要不断学习。这本书可以督促大家行动起来。

——哥伦比亚商学院管理实践学教授 威利·彼得森

祝贺鲍勃·约翰森撰写的《领导者决定未来》第二版问世！鲍勃在本书中论述的领导技能不但可以培养有效的领导者，还能培养更快乐、更健康的领导者。

——Healthiest You 执行董事、首席执行官及创始人 凯利·提尔

鲍勃·约翰森在未来研究院已工作近40年，一直在与未来打交道。在本书中，鲍勃不光展望未来，还将未来与现在联系起来，与大家分享他的感悟，探讨领导者如何才能有效地领导他们所在的组织。如果你想在未来蓬勃发展，或者创造属于你自己的未来，那就来阅读此书吧，一定会大有所获。

——IDEO 总经理、《创新的十种面貌》一书的作者 托马斯·凯利

鲍勃·约翰森在本书中采用的独特视角对于我们为未来培养高层领导者

有着非常重要的借鉴意义。

——麦当劳全球人才管理和领导力学院副总裁　大卫·斯莫尔

鲍勃·约翰森所著的《领导者决定未来》的第二版比第一版更胜一筹！在本书中，鲍勃通过询问大家未来所需的领导技能、阐述他以及未来研究院预测的影响未来的主要力量，为大家提供了一种全新的视角，号召大家行动起来，为未来做好准备。通过三十多年来对硅谷的观察，鲍勃·约翰森获得了很多感悟，并在本书中为我们提供了很多非常实用的建议。

——Grove 国际咨询公司总裁、《虚拟会议及虚拟团队》一书的作者

大卫·斯倍特

鲍勃·约翰森在本书中向读者介绍了改进领导技能的具体步骤，并就如何创造更美好的未来提供了很多洞见。本书和鲍勃的另外一本著作《赢得先机》都是领导者的必读书目。

——安捷伦人力资源高级副总裁　简·麦克朗·哈洛伦